Mario Goldstein

Der Freiträumer

Impressum

1. Auflage
Grafiken: Maritta Seybold - Malerin, Kauschwitz
Druck und Bindung: FORMAT Druckerei & Verlagsgesellschaft mbH

ISBN 3-938227-21-4
Preis: 11,50 EURO

Ich wünsche mir, die Welt ist das,
was sie vom All aus uns scheint.
So friedlich und eins.
Farbe, Bewegung, Wind und Geist.
Ich wünsche mir, all dies verschweißt.
Trennung, ich und mein, regiert und rebelliert.
Ich wünsche mir, jeder die gleiche Sehnsucht spürt.
Erst dann wird mir, was mir so scheint,
zur ewigen Wahrheit, alles vereint.

Mario Goldstein

VORWORT

Als ich im August 2003 nach Wien aufbrach, veränderte sich der Lauf meines Leben, veränderte sich mein Denken. Eine neue Welt tat sich mir auf, wurde mir bewusst, eine Welt, die nur auf ihre Entdeckung gewartet hat. Ich hatte Glück, die richtigen Begegnungen zu machen und die Hinweise und Wegweiser wahrzunehmen, welche mich auf den Weg des Glücks, der Erkenntnis und der Wahrheit zurückführten. Ich hatte großes Glück, und doch erscheint mir heute alles so normal und unausweichlich, ja logisch und ich frage mich oft selbst, warum es mir nicht schon viel früher möglich war, aus den Zwängen des Lebens auszubrechen.

Ich bezeichne mich selbst als egoistischen Menschen, vielleicht treiben mich gerade deshalb Mut und Hoffnung. Doch um all das Glück zu erfahren, musste ich auch leiden. Vielleicht ist dies einer der Gründe, welche mich zu diesem Buch gebracht und motiviert haben. Ich werde mit diesem Buch vorgreifen, Jahre überspringen und die Welt schon heute für alle, die es wissen wollen, in einem anderen, von Klarheit getragenem Licht erscheinen lassen. Vermutlich, weil ich selbst lange Zeit im Dunkeln getappt und immer nur auf der Suche nach einer ganz simplen Sache war. Auf der Suche nach dem Glück, auf der wir wohl alle sind. Mein ganzes Leben rannte ich wie besessen, oft begeistert und trunken von Träumen, ohne Rücksicht auf alles um mich herum. All dies habe ich nun getan, gelebt und vollzogen. Nichts davon war umsonst, denn nun sitze ich hier, schreibe dies alles nieder, um zu verstehen und dich teilhaben zu lassen an meiner Reise. Der Reise durchs Universum, welche ihren Anfang nie hatte

und ihr Ende nie haben wird. Verfolge meine Reise! Ich bin so wie du und du bist wie ich, es gibt keine nennenswerten Unterschiede. Auch du kannst auf Reisen gehen und herausfinden, warum du hier bist. Herausfinden, wer du wirklich bist. Du selbst sein.
Wenn wir schon wählen können – und das können wir in jeder Sekunde – dann sollten wir das Beste wählen, in Bezug auf das Leben und die Wahrheit allen Daseins. Frage dich darum: Warum bist du hier?
Darauf muss jeder seine eigene Antwort finden, und das ist auch gut so.
Denn eines ist mir mittlerweile klar:
„Wenn wir nicht nach innen gehen, gehen wir leer aus."

Es ist leicht, mit geschlossenen Augen zu leben
und alles misszuverstehen was du siehst ...
(John Lennon)

TAGTRÄUME

Es ist ein regnerischer, wolkenverhangener Tag. Ich sitze in meinem Lieblingscafé. Die altmodische Lampe über mir erhellt meine Ecke nur spärlich. Ich beobachte den Mann am Fenster, der keine drei Meter entfernt von mir gedankenverloren in seiner Tasse rührt. Der Kaffeelöffel klappert monoton, klick, klick, klick, im Sekundentakt. Der Mann nimmt keine Notiz von mir, seine Gedanken halten ihn gefangen, er starrt vor sich hin. Ich bin fasziniert, als mich plötzlich ein Strudel erfasst und in seine Welt eintauchen lässt. Ich bin er, sehe seine Bilder und die Gedankenwelt offenbart sich mir.

Ich sitze am Fenster und starre in die nahegelegenen Hügel. Die dunklen, nasstriefenden Wolken ziehen über die Schneereste auf den Feldern. Im Hintergrund höre ich die Kinder. Sie spielen. Schnee, ich kann meinen Blick nicht davon lösen. Schwer drückt mein Körper gegen den Stuhl. Bewegungslos. Nur meine Gedanken fließen. Alles läuft vor mir ab, wie immer. Jeden morgen um sieben klingelt der Wecker. Meine Frau steht etwas früher auf, denn sie bringt die Kinder zur Schule. Um acht bin auch ich an meinem Arbeitsplatz. Ich liebe den Beruf nicht, obwohl er vor vielen Jahren so verlockend schien. Heute arbeite ich aus Gewohnheit, finanzieller Notwendigkeit, vielleicht auch aus Angst. Angst, ohne Geld und gesellschaftlicher

Anerkennung da zu stehen. Doch das Sprichwort sagt schon: „Lieber den Spatz in der Hand, als die Taube auf dem Dach ..."
Es ist halb sechs und meine Frau wird gleich von der Arbeit kommen. Pünktlich um 18.30 Uhr gibt es Abendessen, beinahe ein Ritual. Anschließend RTL-Aktuell, der Prinz von Bel Air, ein bisschen Küblböck. Was? Ach so, die Kinder müssen ins Bett! Gute Nacht! Ich zappe mich durchs Fernsehprogramm und ärgere mich. Nichts Gescheites, alles nervt. Wo soll das nur hinführen? Ich beschränke mich auf drei Bier am Abend, denn was soll das viele Saufen. Meine Frau geht ins Bett. Früher als ich, wie jeden Tag. Das ist so eingelaufen. Doch einmal die Woche schlafen wir auch miteinander, meistens am Wochenende. Nachtjournal. Das Bier ist alle. Ich gehe ins Bett. Um sieben klingelt mein Wecker und alles läuft weiter wie immer. Doch jetzt, in Gedanken. Könnte nicht auch alles ganz anders sein? Ein paar tausend Euro liegen auf der Bank. Die Lebensversicherung bringt vielleicht einiges. Das Auto verkaufen? Warum nicht. Im letzten Urlaub haben sie dort einen Hausmeister gesucht. Freie Wohnung plus 1.200 Euro im Monat. Nicht viel für eine Familie, aber vielleicht könnte meine Frau auch Arbeit finden. Die Schule dort – nur Englisch. Aber Kinder lernen schnell. Es war so schön dort. Das Meer, die Menschen, die Sonne. Wir lebten. Zusammen. Ich hatte das Gefühl, dass meine Seele jubelte. Hing endlich nicht mehr diesen trüben alltäglichen Gedanken nach. Ließ mich träumen. Vom Leben. Es gab mir das Gefühl von Freiheit und Liebe. Vielleicht sollten wir es wagen. Was sollte schon passieren?
Habe ich nicht immer einen Weg im Leben gefunden? Arbeit gibt es überall und die Ansprüche sind auch nicht

so groß. Sicher ist es nicht. Doch bin ich hier sicher, bin ich glücklich?
Und wenn es schief geht? Fange ich eben wieder von vorn an. Irgendeine Wohnung und einen Job würde ich hier schon wieder finden. Zur Not gäbe es Sozialhilfe. Geld allein macht auch nicht glücklich. Das weiß doch jeder. Die Hälfte meines Lebens ist wohl um. Die Zeit läuft. Ich habe keine Lust mehr auf Lottozahlen, Steuererklärung und Fernsehen. Heute Abend werde ich mit meiner Frau reden. Sie wird mich verstehen. Mit ihr zusammen wird alles leichter gehen.
Die Tür geht auf, sie kommt. Benommen löse ich meinen Blick von den Schneeresten. Aufgeregt stehe ich auf, gehe auf sie zu. Wie schön sie ist! Ein bisschen müde vielleicht. Aber das wird sich geben, wenn wir erst unser neues Leben führen. Ich schlucke die Aufregung hinunter: „Schatz, ich habe nachgedacht. Irgendwie ist es manchmal so öde." Sie gibt mir einen flüchtigen Kuss, geht an mir vorbei ins Bad und schließt die Tür hinter sich. Soll ich wirklich alles in Frage stellen? Vielleicht ist es ja gar nicht so schlecht. Vielleicht bilde ich mir auch alles nur ein. Ich glaube mich verlässt der Mut. Als sie aus dem Bad kommt und in der Küche verschwindet, fragt sie mich: „Kannst Du schnell den Müll runter bringen. Wir reden später."
Ich bringe den Müll nach unten. Meine Gedanken? Alles wirkt wieder so normal. Die Aufregung legt sich. Heute gibt es Jauch. Mal schauen, wer die Million holt. 18.30 Uhr – wir essen. Kinder ins Bett, Fernsehen. So schlecht ist das Leben auch nicht. In einem halben Jahr fahren wir alle zusammen für zwei Wochen in Urlaub, das wird uns gut tun. Es funktioniert. Ich funktioniere wieder. Nur keine unüberlegten Handlungen. Was sollten denn auch meine Freun-

de sagen? Was die Familie? Nur gut das ich nichts gesagt habe. Es ist halt wie es ist.
Im Fernsehen läuft ein Bericht über Indien. Beeindruckende Bilder. Wie arm die Leute dort sind. Und doch ist da etwas in ihren Augen. Schöne bunte Welt. Wie gerne ... Zwölf Uhr! Schon so spät? Ich sehe ihn noch ins Bett gehen. Um sieben klingelt sein Wecker wieder. Gute Nacht!
Dann fällt mir auf, dass das Geräusch des Kaffeelöffels verstummt ist. Als ich aufblicke, sehe ich, wie er bezahlt, aufsteht und geht. Seine Nachdenklichkeit blieb zurück.

So begann alles. Ich dachte nach und – ich verdrängte sie wieder. Die Wahrheit. Meine Wahrheit. Aber dennoch war sie da. Ich lief wie durch einem Korridor. Die Türen rechts und links blieben mir verschlossen. Alles war bestens organisiert und ich funktionierte. Alles schien perfekt, und irgendwann, das spürte ich, würde auch ich meine Sehnsüchte verlieren.
Doch das Gefühl, dass etwas in meinem Leben nicht stimmte, ließ sich nicht zum Schweigen bringen. Ließ sich nicht länger in die unterste Schublade pressen. Wollte nicht darin verstauben. Immer wieder rüttelte es an der Lade, ließ sie aufspringen und zwang mich, der Wahrheit ins Gesicht zu blicken. Ich begann, mich mit ihr zu unterhalten und auseinander zu setzen. Ich hörte in mich hinein und je ehrlicher die Antworten wurden, die ich mir selbst gab, desto mehr verspürte ich den Drang, mein Leben zu ändern. Oft gefielen mir die Antworten, die ich gab, gar nicht, aber wenn ich versuchte, sie zu ändern, anzupassen, wichen sie von der Wahrheit ab. Und ich hatte mich entschieden, ehrlich zu mir sein. Es tat gut, sich nicht mehr belügen zu müssen.

Ich wollte in Freiheit leben! Zeit haben. Zeit zum Leben. Zeit zum Lieben. Ich hatte das Gefühl zu erwachen. Alles um mich herum geriet in Bewegung. Und es bewegte sich in eine Richtung, die ich bisher nur geahnt hatte, die mir nicht bewusst war. Doch wenn ich auf mein bisheriges Leben zurückblicke, war die Tendenz schon immer vorhanden. Alles drängte nach Freiheit. Seit ich mich entschlossen habe, mich aus den alltäglichen, mir selbst auferlegten Zwängen zu befreien, haben die Worte Mitgefühl, Liebe und Wahrheit eine neue Bedeutung für mich bekommen.

Wahres Glück, und nur darum geht es, können wir nur erfahren, wenn wir uns mit unserem Selbst beschäftigen und auf unsere innere Stimme hören. Aber es bedarf auch einer ordentlichen Portion Mut, der Wahrheit ins Auge zu blicken, denn nicht immer sieht sie so aus, wie wir es uns vorstellen oder wünschen. Doch wer auf sein Herz hört, wird reich dafür belohnt, was ich mittlerweile aus eigener Erfahrung behaupten kann.

Wie jeder andere strebte auch ich nach dem Glück. Doch wahres und dauerhaftes Glück lässt sich nun einmal nicht in Äußerlichkeiten finden, es liegt in unserem Inneren. Dorthin wollte ich vorstoßen. Ein Prozess der Selbstfindung und Selbsterkenntnis begann. Davon handelt dieses Buch. Es erzählt wahre Begebenheiten, berichtet von einer Suche, zeigt Erlebnisse auf. Es zeigt ein Leben. Mein Leben.

Künftige Generationen werden es nicht für möglich halten,
das ein solcher Mensch jemals leibhaftig auf unserer Erde wandelte.
(Albert Einstein)

IN DER DDR

Ich bin der DDR aufgewachsen, der Deutschen Demokratischen Republik.

DDR, das bedeutete Sozialismus. Ursprünglich eine Errungenschaft der Arbeiterklasse und aus den Lehren von Marx und Engels hervorgegangen, sollte diese Gesellschaftsform eine neue Zeit in der Geschichte der Menschheit einläuten. Diese Wohlgeburt allerdings mutierte. Sie wurde zur Diktatur, umgeben von Mauern und Zäunen, bewacht und kontrolliert durch die Staatssicherheit. Der kalte Krieg und der Klassenfeind lieferten die dafür notwendige Argumentationsgrundlage.

DDR bedeutete aber auch uneingeschränktes Recht auf Arbeit und Wohnung, Zusammengehörigkeitsgefühl und von Herzen getragene Freundschaften. Dieses Land hatte viele Facetten und sicher rechtfertigten die ursprünglichen Gedanken diesen Feldversuch DDR, der dann etwas über 40 Jahre dauerte. Anfänglich schleichend und leise, dann allmählich lauter und lauter wurden die Stimmen, die die Missstände öffentlich anprangerten. Die Menschen forderten lautstark: „Wir sind das Volk!“ Damit wurde eine Welle ausgelöst, die schließlich das ganze Land überschwemmte. Es wurden Gemeinschaft und Stärke demonstriert, bis die Angst überwunden und die kritische Masse erreicht war. Wir kämpften friedlich für unsere Freiheit. Die Mauer fiel schließlich und – wie selbstverständlich – wurden

wir in den Westen eingegliedert. Das Regime musste sich der friedlichen Revolution beugen und außer den Erinnerungen bleibt nur der grüne Pfeil an der Kreuzung. Welche Errungenschaft!
Den geschichtlichen Verlauf zu konstruieren und zu analysieren überlasse ich anderen. Und dennoch habe ich mich gefragt, warum dieses System scheiterte.
Eine harte Hand regierte und kontrollierte jeden einzelnen Schritt, ja, sogar die Meinung und vor allem die Freiheit, was vielleicht das Schlimmste war. Es wurden Mauern und Zäune errichtet, der Feind war auch schon ausgemacht. Künstlich errichtete Feindbilder sollten das Vertrauen zerstören, die Liebe zu den Menschen zählte wenig. Regiert wurde mit Angst, und die absolute Kontrolle eines jeden Einzelnen wurde zum Hauptstreben des Systems.
Kein Vertrauen, kein Glaube und keine Liebe, die Krankheit des Systems. Angst und Hoffnung auf Freiheit trieb viele zur Flucht. Doch unzählige Menschen, die versuchten das Land zu verlassen, bezahlten mit ihrem Leben. Jedes Tier will frei sein und dennoch bilden sich manche ein, sie könnten Menschen auf Dauer einsperren und dafür auch noch Jubel und Verständnis ernten. Dieses Regime empfand weder Mitgefühl noch wahre Liebe. Aber wir Menschen, das Volk, standen uns näher als heute, hielten zusammen und bildeten eine feste Gemeinschaft. Mit diesem Wir-Gefühl waren wir der heutigen Zeit weit voraus. Jetzt haben wir wieder unser einheitliches Deutschland, zumindest auf der Landkarte. Wir sind frei, dürfen unsere Meinung äußern und können reisen, wohin wir wollen. Der Kapitalismus beschert uns volle Ladenregale und eine nicht enden wollende Flut an Produkten. Doch wie füh-

len wir uns heute? Glücklich? Frei? Welche Bedeutung haben Wahrheit und Mitgefühl für uns? Ich glaube, wir sind zwar einen Schritt weiter, aber noch lange, lange nicht am Ziel.

Der Mensch wurde bequem und der Geist träge. Wege werden geebnet. Wir gehen ... Ja! Wohin gehen wir eigentlich?

Welchen Weg gehen wir? Wonach sehnen wir uns in der Welt der Lügen und der Angst? Ein Leben voller Liebe, ohne Hass und Einsamkeit, frei von Leiden und voller Glück. Ist es das? Ist das unsere Sehnsucht? Nun, der Zweifler würde jetzt einwerfen, dass dies alles recht idealistisch und schön klingt, aber dass es eine solche Welt wohl nie geben wird. Sollen wir uns mit dieser Antwort wirklich zufrieden geben? Wäre es nicht ein erstrebenswertes Ziel? Ich habe nachgedacht und viel an mir gearbeitet, habe meine innere Stimme gehört. Ich möchte meine Erfahrungen und Erkenntnisse teilen. Vielleicht können sie für manchen ein Anstoß sein, ein Tor zur Wahrheit oder eine Inspiration zum Glück. Wenn diese Zeilen nur einem meiner Mitmenschen von Nutzen sind, hat sich die Mühe gelohnt.

Die wahre Berufung eines Menschen ist,
den Weg zu sich selbst zu finden.

SCHEIDUNGSKIND – UND TROTZDEM GLÜCKLICH

In meinem Geburtsjahr, 1969, zählte Oelsnitz, ein kleiner Ort im Vogtland, gerade etwa 12.000 Einwohner und man hatte den Eindruck, dass jeder jeden kannte, zumindest vom Sehen. Damals war meine Mutter erst 20 Jahre alt. Sie fing gerade an, ihre Jugend zu genießen und zu sich selbst zu finden, als ich und ein Jahr später mein Bruder René geboren wurden. Mutter gab uns die Liebe und Fürsorge, die wir brauchten, denn mein Vater frönte dem Alkohol und zerstörte dadurch seine Ehe. Ich war gerade ein Jahr alt, als sich meine Eltern scheiden ließen und ich meinen Vater für lange Zeit aus den Augen verlor.
Dass ich dennoch in einer großen Familie aufwuchs, in der mir viel Liebe und Beachtung zuteil wurde, verdanke ich meinen Großeltern, die uns drei liebevoll aufnahmen. Besonders mein Großvater in seiner ruhigen und besonnenen Art war für mich der Kern der Familie und mir gleichermaßen Vater wie Freund. Geduldig wie ein guter Lehrer beantwortete er meine zahllosen Fragen – und ich hatte ständig Fragen. Mein Wissensdurst war immens, doch Opa war unermüdlich und stillte meinen unruhigen, nervigen Geist. Er fuhr Zeit seines Lebens Rad und oftmals nahm er mich im Kindersitz vorne am Lenker mit. Dann zeigte er mir die große weite Welt. Obwohl sein linker Arm gelähmt war, fuhr er so sicher, dass ich nicht ein einziges Mal Angst hatte. Während wir durch die Natur ra-

delten, nannte er die Bäume, Sträucher und Tiere bei Namen und ich sprach ihm alles nach. Ich lernte nicht nur ungeheuer viel von ihm, wofür ich ihm heute noch dankbar bin, er ist mir auch Vorbild in vielen Lebenslagen geblieben. Mein Opa führte ein Leben voller Weisheit, gab alles und verlangte nie etwas für sich. Er war ein Mensch voller Liebe, Geduld und Mitgefühl, welches nie endete. Nachts schlüpfte er oft in mein Bett und erzählte mir Geschichten, zum Beispiel die von einem starken Mann, namens Mile Barus, der Dieselloks ausheben konnte und Elefanten stemmte. Er war der stärkste Mann der Welt. Diese Geschichte hat meine Fantasie besonders angeregt. Mein Großvater fuhr bis zum Ende seines Lebens Fahrrad. Mit 77 Jahren hatte er damit einen Unfall. Fast jeden Tag fuhr er mit dem Rad zu seinem Garten, wo er die Ruhe und Verbundenheit zur Natur fand, die ihm so viel bedeutete. Auf dem Heimweg nahm ihm ein Auto die Vorfahrt, er stürzte und zwei Tage später starb er im Krankenhaus. Noch heute fühle ich seine Gegenwart. Mein Opa, obwohl er unauffällig und bescheiden war, ist für mich auch heute noch eine überragende Persönlichkeit. Ich fühle ihn auch weiterhin an meiner Seite, er ist für mich da und steht mir bei. Das gibt mir Kraft und Gottvertrauen. Meine Oma ist ebenfalls eine sehr liebevolle und aufopfernde Frau. Doch obwohl auch sie mich und meinen Bruder über alles liebt und stets Ausreden für unsere Streiche hatte, forderte sie uns doch einen gewissen Gehorsam ab und versuchte, uns nach ihren Wertvorstellungen zu erziehen. Resolut, aber doch loyal steht sie zur Familie und ist auch heute noch jederzeit für mich da. Sie ruft mich sogar in Thailand an, um sich nach meinem Wohlergehen zu erkundigen – wunderbar! Sie ist eine herzensgute Frau

und ich kann mich immer auf sie verlassen. Ich spüre ihre Gegenwart oft und es scheint, als ob sie doppelt soviel Kraft wie früher hätte. Mittlerweile liegt ihr 80. Geburtstag hinter ihr und ich weiß, dass mein Opa so stolz auf sie wäre, so wie ich es bin.
Auch meiner Mutter verdanke ich sehr viel. Wie schwer muss es für sie gewesen sein, schon mit Anfang zwanzig mit zwei kleinen Kindern alleine da zu stehen. Und dennoch hatte sie immer Zeit für mich. Besonders als Gesprächspartnerin und Freundin ist sie mir heute noch ein Vorbild. Und ich könnte dahingehend noch vieles von ihr lernen. So manche unserer endlosen Unterredungen führte zu meiner Weiterentwicklung, denn sie hatte für alles, aber auch wirklich alles, ein offenes Ohr. All meine Schwächen, all meine Fehler – sie waren verziehen, noch bevor ich sie gemacht habe. Welch intuitive Voraussicht, Vertrauen und Mut gehören dazu, so bedingungslos und voller Liebe hinter seinem Kind zu stehen.
Zusammen mit meinem Bruder wuchs ich sorglos, frei und naturnah auf. Es war eine traumhafte Kindheit, für die ich mich sehr glücklich schätze. Die DDR war für uns Kinder ein idealer Ort. Ohne Gewalt und störende Einflüsse von außen und in sozialer Sicherheit konnten wir uns unbeschwert entwickeln. Im Kindesalter zählt nur die Liebe der Familie. Der Staat hielt eine schützende Hand über seine Schäfchen und unterstützte die Familien. Hier könnten wir heute einiges überdenken und verbessern. Warum tun wir es eigentlich nicht? Meine Kindheitserfahrungen haben mich nachhaltig und dauerhaft geprägt, und aus dieser Liebe schöpfe ich heute noch Glaube und Hoffnung. Unsere Kinder werden unsere Welt von morgen gestalten, auch für uns, also eine durchaus lohnenswerte Investition.

Mein Bruder René ist genau elf Monate jünger als ich und lebt zur Zeit auf Mallorca. Als Kinder hatten wir den Vorteil, dass wir zusammen spielen konnten. So waren wir nie allein und außer den üblichen Reibereien unter Geschwistern verstanden wir uns prima. Als wir heranwuchsen hatten wir unterschiedliche Freundeskreise und unsere Wege verliefen oft schon aus beruflichen Gründen nicht parallel. Ich war viel unterwegs und er auf Montage. Doch wenn es darauf ankam und wir uns trafen, hielten wir zusammen. Eine Zeit lang standen wir in engem Kontakt, jetzt haben sich unsere Wege wieder getrennt und ich vermisse ihn manchmal. Es wäre schön, ihn öfter um mich zu haben, denn seine beschwingte Art ist erfrischend und macht mich fröhlich.

Mein Vater ist tot und es gäbe sicher einige Fragen, die ich ihm heute stellen würde. Mein Bruder und ich waren nicht einmal zu seiner Beerdigung, obwohl wir sie bezahlt haben. Doch ich glaube, sein Herz zu fühlen, und seine Sehnsucht nach Liebe, die er Zeit seines Lebens nicht fand.
Als ich etwa dreizehn Jahre alt war, versuchte er, meine Mutter zurück zu gewinnen. Doch er konnte nicht aufhören zu trinken, kam erst spät Abends total betrunken nach Hause und brachte sich so um seine zweite Chance. Das Einzige, woran ich mich gut erinnere, war sein Satz: „Ihr könnt machen was ihr wollt, nur bringt mir die Polizei nicht ins Haus!" Es schien ihm am wichtigsten zu sein, nicht anzuecken und aufzufallen.
Zwei Jahre später traf ich ihn in der Gastwirtschaft, in der er fast jeden Tag seines Erwachsenen-Lebens verbrachte. Er war unbelehrbar, hartnäckig und stolz. Schade, dass er sich nie aus seiner Alkoholabhängigkeit befreien konnte.

Eine einprägsame Begegnung mit ihm hatte ich einige Jahre später in der Bank. Er saß wartend auf einem Stuhl und war grau im Gesicht. Er fragte mich, wie es mir ginge und musste dabei zu mir aufschauen. Ich erzählte nur kurz von mir und fragte ihn, obwohl er schrecklich aussah, nach seinem Befinden. „Mir geht es soweit ganz gut, bis auf keine Arbeit, kein Geld, na, du weißt schon ...“; hilflos schaute er mich an und wollte eigentlich fortfahren, doch er konnte nicht. Er hatte Tränen in den Augen und ich fühlte mich ihm so nah wie noch nie. Betroffen wünschte ich ihm alles Gute und ging schweren Herzens hinaus. Es war das erste Mal, dass ich in meinem Vater einen Menschen mit Herz und Gefühl sah. Ich denke, er war mein Vater und hat mich sicher auch auf seine Weise geliebt. Das zu wissen ist sehr wichtig für mich.
Kurz darauf starb er. Als er von der Kneipe kam und seinen Wohnungsschlüssel vergessen hatte, war er auf das Gerüst vor seinem Haus gestiegen. Er fiel vom zweiten Stock auf die Straße. Dort fand man ihn am nächsten Morgen tot auf.

Ich weiß nicht, in welche Richtung der Wind weht.

DAS ENDE DER KINDHEIT

Sicher, wenn ich heute meine Großeltern oder meine Mutter fragen würde, wie mein Leben verlaufen sollte, dann würden sie antworten: „Ganz normal, wenn es nach uns gegangen wäre." Sicher war das auch die ersten Jahre der Fall und aus mir hätte ein normaler DDR-Bürger werden können. So wurde es schließlich auch auf die Bahn gebracht. Mit Kindergarten, dann die ersten Schuljahre. Wohlbehütet und umsorgt wuchs ich, ohne Vater, aber voller Liebe und Fürsorge auf. Alles verlief normal, und dennoch ...

Als ich vierzehn Jahre alt war, wurde meine Kindheitsidylle abrupt beendet. Wie jeder Junge lechzte ich nach Abenteuern. Meine Freunde und ich bildeten eine eingeschworene Gemeinschaft, trafen uns jeden Tag im Garten, wo wir in einem alten Wohnwagen ohne Räder zusammensaßen. Dort träumten wir von einer anderen Welt, dort hatte ich meinen ersten Sex und dort wurde ich langsam erwachsen.

Eines der vielversprechendsten Abenteuer bot sich, als mein Freund Volker von nächtlichen Spritztouren erzählte, die er hin und wieder mit dem LKW seines Vaters unternahm. Heimlich natürlich. Für mich gab es nur eines, ich musste dabei sein! Also drängelte ich Volker so lange, bis er endlich nachgab. In einer dunklen Winternacht war es dann soweit. Volker, ich und zwei andere Freunde schlichen zum LKW und holten den Schlüssel unter dem Radkasten hervor. Volker schwang sich hinter das Lenkrad und startete den

LKW. Ich hatte mich aus Platzmangel in die Schlafkabine zurückgezogen. Eine größere Tour war geplant, über mehrere Dörfer. Langsam erwärmte sich der Motor des alten Kamaz, nur noch die Bremse am Hänger lösen und los. Wir fuhren an und es war aufregend über den Schnee zu rollen, der im Mondlicht glitzerte. Ein echtes Erlebnis! In unserer Begeisterung merkten wir nicht, dass wir den Anhänger mit blockierten Rädern hinter uns herzerrten. Als wir an der nächsten Kreuzung ankamen, blieben wir stehen. Es war unmöglich, den Hänger über die salztrockene Straße zu ziehen. Die Druckluftbremse des Hängers war nicht richtig geöffnet. Mist! Es war menschenleer auf den Straßen und doch, direkt in einer kleinen Nebenstraße stand ein Streifenwagen der Polizei, welche das Prozedere misstrauisch verfolgte. Während wir aufgeregt durcheinander zischelten, was nun zu tun sei, entschieden unsere beiden Freunde, lieber die Flucht zu ergreifen. Nun kamen die Beamten in unsere Richtung und die Fahrertür wurde aufgerissen. Grelles Licht blendete in unsere Gesichter. Unser Ausflug war beendet, noch bevor er richtig begonnen hatte. Wir wurden alle vier verurteilt, allerdings wurde die Strafe zur Bewährung ausgesetzt. Außerdem mussten wir diverse Stunden gemeinnütziger Arbeit ableisten, was für uns coole Jungs, die wir sein wollten, die wohl schlimmste Strafe darstellte. Wir empfanden es als entwürdigend, den Marktplatz zu kehren oder Straßengräben zu reinigen. Noch dazu am helllichten Tag im Sommer. Nach einem kräftigen Disput mit unserer Aufsichtsperson verweigerten wir schließlich die Arbeit. Dies hätte unweigerlich die auf Bewährung ausgesetzte Gefängnisstrafe von einem Jahr bedeutet, und so versammelten wir uns und berieten, was zu tun sei. Die Lösung ließ nicht lange auf sich warten. Um unserer Strafe dennoch nachzukommen, verrichteten wir die Arbeiten nachts, wenn uns niemand beobachten konnte. Bravere Bürger wurden wir dadurch nicht, doch unserer Kameradschaft taten die gemeinsam verbüßten Stunden gut und ließ uns näher zusammen rücken.

Die Nächte schlugen wir uns mit Alkohol, Frauen und West-Musik um die Ohren. Bob Dylan, Neil Young und Jonny Cash ließen uns den Duft der großen weiten Welt schnuppern und es dauerte nicht lange, bis wir den sehnlichen Wunsch verspürten, sie auch zu sehen. Wie toll musste es sein, frei zu sein und gehen zu können, wohin man wollte. Ich begann, von großen Abenteuern zu träumen und zusammen mit meinen Freunden schmiedete ich die ersten Fluchtpläne. Immer häufiger spielten wir in Gedanken die verschiedenen Möglichkeiten durch, wohl wissend, dass das Regime mit aller Härte zuschlagen würde, wenn sie uns erwischten. Doch noch war ja nichts passiert und wir fühlten uns sicher. Doch der Schein trog und unsere kindliche Naivität sollte uns nicht schützen.

Die Fluchtgedanken verflogen schlagartig, als ich mich verliebte. Sie war bereits achtzehn Jahre alt und Krankenschwester. Sie war lieb und es war aufregend. Obwohl ich erst fünfzehn Jahre war, verstanden wir uns gut und trafen uns regelmäßig. Ich dachte in jeder freien Minute nur noch an sie und alles andere war weit weg. Und plötzlich geschah es! Aus heiterem Himmel schnappte die Falle zu. Zwei Polizisten kamen in die Schule und holten mich mitten aus dem Unterricht. Zusammen mit zwei Freunden wurde ich auf die örtliche Polizeidirektion gebracht und lange verhört. Man befragte mich gezielt nach den Plänen und Vorbereitungen, welche wir zur Republikflucht getroffen hatten. Irgendwer hatte uns verpfiffen. Ich war mir keiner Schuld bewusst, gestand zwar die Fluchtgedanken, erklärte sie aber gleichzeitig für überholt, da jetzt doch alles anders sei, durch meine neue Liebe. Bester Stimmung verkündete ich diese Wahrheit und glaubte, damit sei alles vergessen und erledigt. Doch ich hatte die Rechnung ohne die Polizei gemacht. Nachts, gegen 22 Uhr schlug mir der Ernst der Lage mitten ins Gesicht. Die Handschellen klickten, das erste Mal in meinem Leben umschloss dieses kalte, harte Metall meine Handgelenke. Mein Herz zog sich zusammen und ich konnte kaum atmen, als ich in den Polizeitransporter stieg.

Ich wurde ins Untersuchungsgefängnis gebracht und sollte am nächsten Tag dem Haftrichter vorgeführt werden. Angesichts dieser Tatsache sackte ich weinend in mich zusammen. Man raubte mir meine geliebte Freiheit und trennte mich gewaltsam von meiner neuen Liebe. In dieser Minute war meine unbeschwerte Kindheit zu Ende und ich sollte lange Zeit brauchen, um mich von diesem Schock zu erholen.

Man brachte uns ins Untersuchungsgefängnis und nahm uns alle persönlichen Sachen ab. Ich wurde in eine Einzelzelle gesteckt und war mit meinen Gedanken allein. Die Schule abgebrochen, keine Lehrstelle, keine Freunde, keine Liebe – nichts! Ohnmächtige Wut stieg in mir auf, mein Leben war außer Kontrolle geraten. Mit Händen und Füßen schlug ich erst auf die Tür, später auf die Wand ein. Es war sinnlos, doch es gelang mir nicht, meine Gedanken zu ordnen. Mit dieser Situation war ich einfach überfordert. Nach einer endlosen Nacht steckte man mich am nächsten Tag mit zwei anderen Gefangenen in eine Zelle. Es dauerte nicht lange, bis sie mich schikanierten und letztendlich kam es zu tätlichen Auseinandersetzungen. Die Beamten beobachteten die Situation und verlegten mich daraufhin in eine Zweierzelle. Mein neuer Zellengenosse war ein junger Kerl. Er saß bereits seit einem Jahr in Untersuchungshaft. Er war krank, hatte Raucherbeine, von denen er sich regelmäßig die Haut schälte. Ein Urteil hatte er bis zu diesem Zeitpunkt noch nicht erhalten. Diese Begegnung nahm mir jegliche Hoffnung, hier bald wieder heraus zu kommen. Niemand konnte mir helfen, ich war von allem abgeschnitten. Mein Leben war gelaufen! Immer schneller drehten sich die Gedanken im Kreis. Erlösung, doch welche? Ich wollte sterben. Die Frage war nur, wie? Ich dachte daran, mir die Pulsadern aufzuschneiden. Immer wieder spielte ich den Ablauf im Geist durch und mein Verlangen, es auch wirklich zu tun, wurde von Tag zu Tag größer. Selbstmord ist einfach, wenn man keinen anderen Ausweg mehr sieht, keine helfende Hand und keinen Funken Licht. Es ist wie ein Strudel, dem man alleine nicht entkommen kann. Hunderte Male spielte ich den Gedanken durch und dann entkam auch ich dem Sog nicht. Ich schritt zur Tat.

Dass man mich rechtzeitig entdeckte, verdankte ich der Wache, die mich häufig kontrollierte, wohl weil ich mental nicht gerade den stabilsten Eindruck machte. Alles war in Aufruhr und man steckte mich in eine dunkle Arrestzelle. Hier sollte nun alles besser werden. Es sollte Besinnung eintreten und der Untersuchungshäftling den richtigen Weg erkennen. Kalte Natursteinwände umgaben die Zelle, die durch mehrere Gitter unterteilt war. In der Mitte des Raumes stand ein eisernes Bettgestell mit Matratzen. Darauf zwang man mich und dann, dann wurde ich angekettet! Linkes Bein – linker Pfosten, rechtes Bein –

rechter Pfosten. Danach die Hände. Sie warfen mir eine kratzige Rosshaardecke über und gingen. Da lag ich dann im Dunkel. Allein. Ich fühlte mich kein Stück besser als vorher, im Gegenteil, es war schlimmer als je zuvor. Wild zerrte ich an den Fesseln und schrie meine Wut hinaus, doch obwohl ich mir beinahe die Hände abriss, war der Erfolg gleich Null. Mit der Zeit wurde ich müde und apathisch. Es ist wie beim Stierkampf – erst wenn man nicht mehr kann und Ruhe gibt, wird zum Todesstoß angesetzt. Doch man wollte mich lebend. Ein toter Jugendlicher im Untersuchungsgefängnis hätte wohl zu großes Aufsehen erregt. Alle paar Minuten schaute ein Wärter durch den Spion. Ich hatte jeglichen Widerstand aufgegeben, kämpfte nur noch mit der Decke, um mich vor dem kalten Luftzug, der zwischen die Ritzen meiner Matratzen blies, zu schützen. Mit den Zähnen oder mit den Fußzehen zog ich sie Zentimeter um Zentimeter zurecht. Doch wenn es einigermaßen passte, musste ich zur Toilette oder es gab Essen, die einzigen Gelegenheiten, bei denen ich abgekettet wurde. Danach begann alles wieder von vorn. Nach zwei qualvollen und sehr nachdenklichen Tagen wurde ich in eine neue Zelle gebracht. Dieses Mal eine Viermannzelle. Dort fand ich so etwas wie Geborgenheit. Ein Familienvater, der aus welchem Grund auch immer einsaß, nahm sich meiner an und es gelang mir von Tag zu Tag besser, die außergewöhnliche Situation zu ertragen.

Immer wieder wurde ich zu Verhören gezerrt. Mein Anwalt rechnete, da ich ja noch unter Bewährung stand, mit 15 Monaten Gefängnis. Mein Freund, drei Jahre älter als ich, stritt alles ab, und für mich waren die Fluchtgedanken längst ad acta gelegt. So drehte sich alles im Kreis und man kam nicht weiter. Es wurde dann Anklage wegen

Missbrauch von Kindern erhoben, weil ich vor einiger Zeit – ich war noch vierzehn gewesen – mit einer 13-Jährigen geschlafen hatte. Alles wurde auf den Tisch gepackt. Ich hätte mir wohl besser eine 40-Jährige suchen sollen.
In den zehn Wochen, die ich im Untersuchungsgefängnis verbrachte, durfte mich meine Mutter nur ein einziges Mal besuchen und so fielen das Weihnachtsfest 1984 und der Jahreswechsel ins Jahr 1985 für mich sehr nachdenklich aus, auch wenn mich meine neue Liebe durch Briefe und gute Worte immer wieder aufbaute.
Am 18. Januar besuchte mich mein Anwalt und teilte mir freudestrahlend mit, dass ich am nächsten Tag nach Hause dürfe. Es gab keinerlei Erklärungen, weder ein Warum noch ein Weshalb. Es war wie ein Wunder, und ich nahm es als solches hin, ohne lange zu fragen.
An einem sonnigen Samstag öffneten sich die Gefängnistore für mich. Allein ging ich die Straße hinab, und die Sonne strahlte durch die blattlosen Baumkronen. Gierig sog ich die frische, kalte Luft tief in meine Lungen und fühlte die Freiheit, die ich so vermisst hatte. In diesem Moment schwor ich mir, sie nicht mehr herzugeben. Während mein Körper vor Glück bebte und mein Herz meinen Brustkorb beinahe platzen ließ, war ich eins mit der Welt. Ich war frei. Ein wahrlich großer und glücklicher Augenblick, den ich in meinem Leben sicher nicht vergesse.
Zwei Tage später saß ich wieder in meiner Klasse und alles sollte so sein wie früher. Doch meine Unbekümmertheit war dahin und ich hatte jegliches Vertrauen verloren. Ich glaube, zu dieser Zeit bin ich gewaltsam erwachsen geworden.
Damals hatten wir es mit einer Diktatur zu tun, wie es heute noch viele auf dieser Welt gibt. Menschen werden

gequält, ihrer Freiheit beraubt und unterdrückt. Sie sind dem System hilflos ausgeliefert. Aufgrund irrsinniger Rituale oder Glaubensvorstellungen werden Frauen misshandelt und Kinder grausam verstümmelt. Diesen Menschen überall auf der Welt muss unsere besondere Hilfe und Unterstützung zu teil werden. Wir dürfen sie nicht im Stich lassen, müssen ihnen zeigen, dass sie auf uns bauen können. Denn auch sie hoffen auf Gerechtigkeit, vertrauen auf ein Wunder, welches zu vollbringen oft gar nicht so schwer ist. Lassen wir es einfach geschehen!

Wenn du wissen willst, was du früher getan hast,
richte den Blick auf das was du heute bist.
Wenn du wissen willst, was aus dir wird,
dann richte dein Augenmerk auf das, was du heute tust.

ZURÜCK IM SYSTEM

Ich konnte mein Glück kaum fassen. Endlich wieder frei! Ich konnte gehen, wohin ich wollte und – ich freute mich auf meine Freunde und natürlich war ich gespannt auf meine Freundin, in die ich sehr verliebt war, obwohl ich sie erst fünf Wochen vor meiner Haft kennen gelernt hatte. Sie hatte mein Weltbild verändert. Seit ich sie kannte, war alles wunderbar und ich hatte keinen Gedanken mehr an eine Flucht verschwendet. Während der 10 Wochen, die ich einsaß, unterstützte sie mich mit Briefen und baute mich immer wieder auf. In unzähligen kalten Stunden hielt mich oft nur die Erinnerung an ihre Küsse und Zärtlichkeit aufrecht und ich freute mich unbändig auf unser Wiedersehen. Bald nach meinem Eintreffen zu Hause besuchte sie mich kurz, reserviert gab sie mir einen flüchtigen Kuss und eilte hektisch wieder davon. Noch am selben Abend vereinbarten wir ein Treffen. In der Nähe gab es Tanz mit Live-Musik. Endlich sah ich meine Freunde wieder, und wir tranken unser erstes Bier, als sie endlich kam. Ich freute mich auf sie. Doch es kam anders. Mit wenigen Worten machte sie Schluss, und obwohl es ihr offenbar nicht leicht fiel, ließ sie mich ohne lange Erklärungen stehen. Ich war fassungslos. Wie konnte das sein? All die Briefe, die sie mir geschickt hatte, alles das sollte vorbei sein? An diesem Abend betrank ich mich sinnlos,

um später heulend vor der Halle im Seitengraben die Trennung zu bedauern.
In den nächsten Wochen gelang es mir kaum, festen Boden unter den Füßen zu spüren. Man hatte mich mit fünfzehn Jahren aus dem Leben gerissen, hineingeworfen in eine Umgebung voller Kälte und Gleichgültigkeit, ohne einen Funken Hoffnung. Der einzige Halt, meine Liebe, hatte sich verflüchtigt, und ich war der Selbstaufgabe nahe. In dieser Situation und mit diesen außergewöhnlichen Erfahrungen begann ich, über mich selbst nachzudenken. In Zukunft wollte ich vieles besser machen. Ich wurde ruhiger und handelte besonnener, die Angst ließ mich vorsichtiger werden.
Aber es gelang mir nicht immer, meine Gedanken unter Kontrolle zu halten, denn es regte sich mein Freiheitsdrang wieder. Ich wollte dieses Land verlassen, jedoch keinesfalls wieder in den Knast. So testete ich meine Grenzen im Alltäglichen. Zusammen mit meinem Freund Ronny bewegte ich mich im Grenzbereich. Ich wechselte die Musikrichtung und widmete mich der Heavy-Metal-Musik und tauchte in deren Szene ein. Mit Live-Konzerten, Lederwesten, Holzgitarren, Frauen und reichlich Alkohol bauten wir unseren Frust ab. Wenn wir in die Disco gingen, zog ich meine Leopardenhose an, damals ein Hit in der DDR! Wir betranken uns mit Bier und Wodka-Cola, oft, bis der Körper nicht mehr unter Kontrolle war. Der Spaß stand im Vordergrund und wir nahmen vieles nicht so ernst. Meine Mutter und meine Großeltern unterstützten mich großzügig mit Geld. Selbstlos hätten sie ihre letzten zehn Mark für mich geopfert. Größere Summen verdiente ich mir mit Ferienarbeit, anfangs im VEB Obst und Gemüse, wo ich Kisten schleppte, ein- und auslud, später im Kuhstall der LPG.

Dort war der Verdienst für Kühetreiben oder Melken noch besser, und es machte Spaß, mit den Mädels zu schäkern. Manchmal kamen Zeiten, in denen in Oelsnitz nichts, aber auch rein gar nichts los war. Meist in den Wintermonaten langweilten wir uns, saßen frustriert zu Hause und holten uns eine Kiste Bier. Alle guten Vorsätze waren vergessen und wir wollten einfach nur trinken. Ich ging des öfteren zum Arzt und ließ mich krank schreiben, traf mich mit Freunden zu Hause. Ich war frustriert über all die Sinnlosigkeit, und zu vorgerückter Stunde und bei ziemlich geleertem Kasten zog ich mich mit der Ansage: „Ich vergase mich jetzt" in die Küche zurück, hängte mich über den Herd und drehte den Hahn auf. Vergasen war damals die häufigste Art, sich umzubringen, es war kurz, schmerzlos und relativ einfach, denn in jeder Wohnung stand ein Gasherd. Wir sahen das mit dem Tod auch nicht so eng, nahmen das Sterben nicht so wichtig. Ich wurde bewusstlos. Dann verblassen meine Erinnerungen. Als mich Volkers Schläge weckten, lag ich im Bett meiner Mutter. Zum Glück war Volker nicht zu betrunken. Er hatte nach mir gesehen und mich in der Küche gefunden. Immer wieder schlug er mir ins Gesicht. Rechts, links, rechts – es waren Schläge, für die ich ihm heute noch dankbar bin, denn sonst hätte ich die besten Zeiten in diesem Leben wohl nicht erlebt. Wir dachten in diesem pubertären Alter jedoch noch nicht an die Zukunft, wir glaubten nicht an andere, bessere und schönere Zeiten. Es zählte nur das Hier und Jetzt. Doch heute weiß ich, der Schein trog. Vertrauen auf die Zukunft lohnt sich immer, denn gerade wenn du ganz unten bist und dich nutzlos fühlst, gerade dann ist der Weg aufwärts schon ausgemacht.
Drei Monate später lernte ich, den Tod ernst zu nehmen. Mit meinem besten Freund, Ronny, traf ich mich beinahe

täglich. Wir kannten uns seit zehn Jahren und wussten alles voneinander. Er war wie ein Bruder. Wir waren nicht zu trennen, gingen zusammen in eine Klasse und waren wie aus einem Stück gegossen.
An einem regnerischen Nachmittag besuchte ich Ronny zuhause. Er machte gerade krank und war daher nicht in der Schule gewesen. Es war trüb, und nur wenig Licht drang in die Wohnung und ließ die großen Möbel und vielen Teppiche noch dunkler wirken als sonst. Ronny war blass, wirkte müde und deprimiert, so dass ich mich genötigt sah, ihn aufzubauen.
„Lass uns doch heute Abend ins Geschwister-Scholl-Heim gehen", forderte ich, in der Hoffnung, ihn auf andere Gedanken zu bringen. Doch er winkte nur ab und meinte, er wäre wieder einmal pleite. So schnell gab ich nicht auf.
„Lass dir doch von deiner Mutter Geld geben." Aber Ronny druckste nur herum und fragte mich stattdessen: „Wie ist es eigentlich, wenn man sich vergast?" Davon wollte ich nun wirklich nichts hören. „Hör auf mit der Scheiße", fuhr ich ihn an. „Das wird schon wieder, lass uns lieber heute Abend zur Disco gehen." Ich wollte unbedingt weggehen und ließ ihm keine Ruhe. Schließlich vereinbarten wir, dass ich ihn um sechs Uhr abholen würde. Ich klingelte pünktlich und seine Mutter, die gerade nach Hause kam, drehte auf der Treppe um und öffnete mir die Tür. Mit dem knappen Satz: „Der Ronny ist nicht da", schickte sie mich wieder weg. Sie konnte mich nicht sonderlich leiden, denn Ronny und ich waren immer zusammen und stellten so manchen Unfug an. So ging ich.
Als ich kurze Zeit später im Geschwister-Scholl-Heim ankam, war Ronny auch dort nicht anzutreffen. Ich ging noch in ein nahe gelegenes Restaurant. Leer. Als ich auf die Stras-

se trat, ertönte das Signal der Feuerwehr und aus Ronnys Richtung kam eine Klassenkameradin auf mich zu und schrie weinend: „ Ronny hat sich vergast!"
Für mich war es ein entsetzlicher Schlag, und ich vergesse nie den Moment, als ich an seinem Sarg stand und ihm ein letztes Mal ins Gesicht blickte. Leblos und friedlich lag er dort, war gerade fünfzehn Jahre auf dieser Welt und ging von uns. Ein Verlust, der mich mein ganzes Leben begleitet. Ich nahm es als Zeichen, weiter zu leben und mich nicht aufzugeben. Er fehlt mir und ich muss oft an die wahnsinnige Zeit denken, die wir miteinander verbracht haben. Ich wünschte, er würde noch leben und wir hätten all die schönen Momente, die ich seither hatte, teilen können. In meinem Herzen trage ich ihn immer bei mir.
Ich begann erneut, über mein Leben nachzudenken. Wie wollte ich es gestalten? Immerhin war ich noch nicht volljährig, und darum auch nicht zu großen Entscheidungen, wie einer Ausreise aus der DDR berechtigt. „Unmündig" wie ich nun einmal war, musste ich mich an die Gesetze halten, ob es mir passte oder nicht. Meine Überlegungen brachten mich zu dem Schluss, dass ich den Gegebenheiten nur mit Geduld entgegentreten könne und es das Beste sei, mir eine möglichst gute Basis für mein späteres Vorhaben zu schaffen.
So gesehen konnte ich für meine bisherigen Erfahrungen dankbar sein. Durch den Gefängnisaufenthalt und die Begegnungen mit Menschen, die ihren eigenen Leidensweg gehen, wurden mir viele Dinge bewusst und ich begann, mein Leben neu auszurichten. Natürlich konnte und wollte ich deswegen nicht gleich ein systemtreuer und spießiger Bürger der DDR werden, doch was blieb mir anderes übrig, als den Leuten zu geben, was sie haben wollten?

Letztlich tat ich mir mit meiner scheinbaren Anpassung selbst einen Gefallen. So startete ich durch und gab der anderen Seite das Gefühl, dass sie alles, auch mich, in der Hand hätten und dass ich mich von jeglichen Fluchtgedanken gelöst habe. Nur so war es mir möglich, weiterhin in Freiheit zu leben bis meine Zeit gekommen war. Und obwohl Geduld nicht gerade zu meinen stärksten Eigenschaften gehört, blieb mir nichts anderes übrig, als mich darin zu üben.
Das Wichtigste war für mich das Lernen, dass ich in der Schule zurecht kam. Außerdem wollte ich natürlich weiterhin Freunde treffen, auf Partys und in die Disco gehen, Frauen kennen lernen und möglichst schnell abschleppen sowie Musik hören, träumen und die Träume, soweit möglich, auch ausleben.
Wir hatten an sechs Tagen in der Woche Schule und das verlangte Einsatz, denn ich wollte keinesfalls zurück bleiben, mich geschlagen geben oder wie ein Idiot dastehen. Ich folgerte weiter, dass wir auf der Welt sind, um etwas zu lernen, unsere Entwicklung voranzutreiben und mitzugestalten. Deshalb war es dringend notwendig für mich, etwas zu tun. Ich war bereit, ein Spiel zu spielen, um zu sehen, wie es auf andere wirkt, aber auch, um festzustellen, ob sich bei mir etwas verändern würde. Außerdem verlangte mein Ego, ihnen zu zeigen, dass sie es hier keineswegs mit einem Trottel zu tun hätten.
Der erste Schritt war, in der Schule anzuziehen. Um dies zu realisieren, begann ich, einen Plan aufzustellen. Einen Plan, mit einem exakten Timing, denn meine Freizeitaktivitäten sollten auf keinen Fall beeinträchtigt werden. Für Discobesuche, den Jugendclub oder die Treffen mit meinen Freunden reservierte ich alle Abende und zwar ab 18

Uhr, denn ich musste überall dabei sein. Es war wie eine Sucht, einfach unvorstellbar, dass ich zuhause saß, wenn im Ort irgendetwas los war.
Um 13.15 Uhr hatten wir Schulschluss, und bis 18 Uhr hatte ich Zeit, mich auf den nächsten Tag vorzubereiten. Es war nicht immer leicht, Prioritäten zu setzen und sich für ein Fach zu entscheiden, doch ich wählte geschickt aus. In Chemie beispielsweise, welches nicht zu meinen besten Fächern gehörte, bekamen wir am Anfang jeder Stunde die Möglichkeit, uns mit einer Zusammenfassung der letzten Stunde eine gute Note zu sichern. Unser Lehrer nahm immer erst „Freiwillige", bevor er willkürlich auswählte. Also lernte ich gleich am Anfang des Schuljahres fleißig, was vielleicht dreißig Minuten pro Woche beanspruchte und meldete mich. Da sich niemand anders fand, kam ich fünf oder sechs Mal hintereinander dran, was gleichbedeutend war mit sechs mal Note Eins. Den Rest des Jahres hatte ich meine Ruhe vor überraschenden Kontrollen. Meine Mitschüler traf es meist unverhofft, doch mir blieb auf diese Art und Weise sogar die mündliche Prüfung erspart. Man kann also sagen, dass Chemie in der 10. Klasse wirklich perfekt für mich gelaufen ist, obwohl es nicht zu meinen Stärken zählte.
Diese Methode erschien mir so gut, dass ich sie ausbaute und auch in der Lehrzeit mit großem Erfolg anwendete. Ich konnte meine Freizeit in vollen Zügen genießen. Wenn es mir einmal zu stressig wurde, ging ich zum Arzt und ließ mich für ein paar Tage krank schreiben. Ich betrachtete es als Kurzurlaub für die geschundene Seele. Abgesehen davon erhielt ich viel Lob für meinen Einsatz in der Schule, was wie Balsam für mein Ego war. Ich fühlte mich richtig gut. Und obwohl ich zu dieser Zeit viel trank, rauchte und Frau-

engeschichten hatte, erfüllte ich scheinbar die Anforderungen der Gesellschaft. Manche mögen vielleicht denken, dass ich damals spießig war, doch ich habe bei diesem Spiel, und nichts anderes war es für mich, viel gelernt; zum einen natürlich Unterrichtsstoff, zum anderen aber auch über mich selbst und andere. Durch meine Leistung erwarb ich mir die Achtung und Anerkennung der Lehrer, wodurch ich meine Meinung freier äußern konnte und damit einen gewissen Einfluss erzielte. Ich hatte den Eindruck, etwas bewegen zu können, vielleicht auch nur ein kleines Stück, aber es war ungeheuer wichtig für mich, denn es zeigte mir, dass ich den richtigen Weg gewählt hatte.
Wäre ich im Westen aufgewachsen, hätte ich sicher anders gehandelt, denn dort hätte ich jederzeit gehen können, wohin ich wollte. Doch dem DDR-System zu entfliehen war nicht so einfach, vor allem wenn man noch keine achtzehn Jahre alt war. Aus heutiger Sicht waren diese DDR-Erfahrungen sehr wichtig für meine ganze Entwicklung, daher glaube ich, dass ich genau zur richtigen Zeit am richtigen Ort war.
Meine Leistungen waren auch während meiner Lehrzeit hervorragend. Ich lag in allen Fächern ganz vorne, womit ich mir wiederum gewisses Ansehen erarbeitet hatte. Nur in Staatsbürgerkunde hätte ich mich verbessern können, doch daran hatte ich – aus bekannten Gründen – kein Interesse.

Mein Lehrmeister, welcher ein „anständiges" Parteimitglied war, und ich entwickelten ein fast freundschaftliches Verhältnis. Er sah etwas in mir und wollte mich aufgrund meiner guten Leistungen für ein Bautechnik-Studium vorschlagen. Dies war zur damaligen Zeit eine Ehre, denn Studienplätze waren rar, speziell wenn man kein Abitur hatte wie ich. Dass es dann doch nicht zum Studium kam, lag an meiner Einstellung, denn ich hätte in die SED eintreten und drei Jahre Armeedienst leisten müssen, was für mich undenkbar war! Da außerdem mein 18. Geburtstag unmittelbar bevorstand, lehnte ich das Studium ab und wartete stattdessen auf meine Volljährigkeit. Für mich war klar, dass ich dann sofort einen Ausreiseantrag stellen würde. Mir war aber auch klar, dass ich all meine Befürworter und Lehrer schockieren und mich selbst damit in Schwierigkeiten bringen würde.

Meine Familie wusste über meine Pläne Bescheid und versuchte nicht, mich von diesem Weg abzubringen. Im Gegenteil, sie zeigte Verständnis und gab mir dadurch die Unterstützung, die ich brauchte. Ich führte unzählige Gespräche mit meiner Mutter, erklärte meine An- und Absichten und stieß auf Zustimmung, wenn auch verhaltene, denn welche Mutter möchte ihren Sohn verlieren oder will, dass er sich in Gefahr bringt.

Eigentlich wollte ich meine Lehre noch zu Ende bringen, doch mein Freiheitsdrang war größer und ich reichte kurz nach meinem 18. Geburtstag den Ausreiseantrag bei der Abteilung für innere Angelegenheiten in Oelsnitz ein. Es war wie das Ausholen zu einem Befreiungsschlag, auf den ich jahrelang gewartet hatte. Es machte mich glücklich, dass endlich die Wahrheit auf dem Tisch lag. Hier war ich wieder, Mario Goldstein, und das Rad des Lebens drehte sich für mich!

Viele Leute versuchten, mich zum Rückzug zu bewegen, doch daran dachte ich nicht einmal im Traum. Ich blieb stark. Mit neuem Selbstvertrauen und zielsicher trat ich ihnen entgegen. Zu lange hatte ich gewartet. Zu stark war die Neugier auf die neue Freiheit, zu verlockend die neuen

Möglichkeiten. Ich wollte wissen, welche Chancen auf mich warteten, dort, hinter den Zäunen, dort, in der weiten Welt. Ich ging in diesen Gedanken auf, gab mich ihnen hin und wartete. Und wartete. Zu meinem größten Erstaunen warfen sie mich nicht aus der Lehre, und ich konnte sie erfolgreich abschließen.

Ich glaube, sie hatten nie vor, mir die Ausreise zu genehmigen, und so wurde ich hartnäckiger und schrieb Bekräftigungen. Ich trat aus allen Organisationen wie FDJ, DSF usw. aus. Als ich endlich mein Facharbeiterzeugnis in den Händen hielt, war meine Geduld zu Ende. Ich weigerte mich, einen anschließenden Arbeitsvertrag zu unterzeichnen.

In der DDR ohne Arbeit zu sein, war vom Grundgesetz nicht vorgesehen. Es wurde als asoziales Verhalten gewertet und mit Gefängnis bestraft. Man stelle sich das heute vor: zehn Prozent der Deutschen im Gefängnis, weil sie arbeitslos sind.

Damals war es einfach für mich, als Maurer an den Wochenenden schwarz zu arbeiten. Damit verdiente ich mehr Geld als mit geregelter Arbeit. Schließlich ging ich zu einem letzten Gespräch, um meinen Willen zur Ausreise noch einmal unmissverständlich zum Ausdruck zu bringen und die Argumentation auszureizen. Doch ich hatte immer mehr den Eindruck, nicht ernst genommen zu werden. Als einer der Beamten schließlich äußerte: „Sie kommen hier nie raus, Herr Goldstein!" stand für mich fest, dass ich flüchten muss, wenn ich je das Land verlassen wollte. Mit einem abschließenden: „Ihr werdet schon sehen!" verließ ich das Rathaus und begann Pläne zu schmieden.

Doch bevor ich selbst zum Republikflüchtling wurde, sollte ich noch Mitwisser und Helfer einer anderen Flucht werden. Und wieder begann ein gefährliches Spiel.

Die Würde des Menschen erfordert Ergebung an
ein höheres Gesetz – an die Kraft des Geistes.
(Mahatma Gandhi)

FLUCHT

Von nun an waren meine Gedanken fixiert und bewegten sich nur in eine Richtung: Ich werde fliehen. Das Wie, Wo und Wann begannen mich zu beschäftigen.
Noch bevor ich einen Fluchtplan entwickeln konnte, wurde ich im Geschwister-Scholl-Heim, dem örtlichen Jugendclub, in dem auch die wöchentliche Disco stattfand, von zwei Männern angesprochen, die ich bisher nur vom Sehen kannte. Nach einem kurzen, freundlichen Gespräch kamen sie auf meinen Ausreiseantrag, von dem sie offenbar gehört hatten, zu sprechen. Sie konnten meine Gründe dafür gut nachvollziehen und waren bezüglich des Systems mit mir einer Meinung. Sie wollten sich mit mir näher unterhalten und wir vereinbarten ein Treffen an einem ruhigeren Ort. Dort offenbarten sie mir vollen Vertrauens ihre eigenen Fluchtpläne. Das war gefährlich für sie und für mich, denn es gab zahllose Stasispitzel und Mitläufer. Doch irgendwie hatte ich Vertrauen zu Wu und Didi, und innerhalb kurzer Zeit entwickelte sich eine Freundschaft, die von gemeinsamen Gedanken, Offenheit und Hilfsbereitschaft geprägt war. Wir trafen uns beinahe täglich und verbrachten eine schöne Zeit zusammen, obwohl sich die beiden erheblich von meinen bisherigen Freunden unterschieden. Sie tranken weder Alkohol noch rauchten sie. Außerdem war ihr bisheriges Leben sehr viel geradliniger verlaufen als meines. Insgeheim bewunderte ich sie für ihre intelligente und witzige Art.

Wir beschlossen, vor ihrer Flucht einen gemeinsamen Ausflug zu unternehmen. Und so fuhren wir erst an die Ostsee und planten einen kurzen Trip nach Berlin, wo das Konzertereignis schlechthin stattfand: Bruce Springsteen, „The Boss", war zu Gast. Ich war mittlerweile arbeitslos und hatte somit Zeit.

Mich beeindruckte der Enthusiasmus der beiden und ihr klarer Verstand, der die Lage sehr realistisch einschätzte, obwohl sie im Gegensatz zu mir ihre Hassgefühle gegen das DDR-Regime sehr energisch und viel offener zum Ausdruck brachten. Obwohl wir unterschiedlich aufgewachsen und erzogen worden waren, stimmten wir in vielen Punkten überein. Und so hatten wir viel Spaß miteinander, als wir zu dritt im Trabant gen Norden fuhren. Am Steilufer der Ostsee träumten wir den Traum von der Freiheit. Wir parkten den Trabi direkt am Meer und verbrachten romantische Stunden in der Abenddämmerung und lauschten dem Rauschen des Meeres. Wir bestaunten den Sonnenuntergang und schliefen unterm Sternenhimmel. Am nächsten Morgen brachen wir nach Berlin auf. Die Stadt präsentierte sich in strahlendem Sonnenschein und wirkte auf mich riesig und unübersichtlich. Als wir am Konzertgelände eintrafen, war die Stimmung schon am Brodeln. Etwa 20.000 Fans lauschten hinter dem Zaun der lautstarken Musik von „The Boss", tobten und feierten. Wir hatten keine Karten, verfolgten aber von einem Platz hinter dem Zaun aus die großen Videowände. Zum Glück kennt Musik keine Grenzen oder Zäune, so dass wir das Konzert ausgiebig genießen konnten. Angefüllt mit Eindrücken verließen wir Berlin und kehrten nach Oelsnitz zurück. Bald würden auch wir freie Bürger sein und müssten uns nicht länger mit Plätzen hinter dem Zaun zufrieden geben.

Meine Freunde planten, in Kürze über Ungarn nach Österreich zu flüchten. Wir sprachen alles genauestens ab. Vor der Abreise überraschte mich Wu mit einem großzügigen Geschenk, seinem Motorrad. Ich war außer mir vor Freude, denn für mich wäre es unbezahlbar gewesen. Er vertraute mir auch seine Freundin an, die er zurück lassen musste. Ich sollte mich um sie kümmern, bis er sie nachholen würde. Dies erschien mir etwas leichtgläubig, aber keiner von uns wusste, welchen Einfluss wir vom Westen aus erzielen und erwarten konnten. Doch sie durfte keinesfalls in Verbindung mit seiner Flucht gebracht werden und dadurch in Gefahr geraten. Wenn er erst im Westen wäre, würde er sich um alles kümmern und versprach, auch meine Ausreise zu beschleunigen. Wir verabschiedeten uns mit vielen ermutigenden Worten, freundlich, aber entschlossen, dem System die Stirn zu bieten. Unsere Devise war, lieber im Knast zu schmoren, als weiter im Osten zu leben.
Als die beiden dann aufbrachen, breitete sich unerwartet Ruhe in meinem Leben aus. Ich dachte nach und wartete hoffnungsvoll ab. Einige Male traf ich mich mit Wus Freundin an geheimen Orten, denn niemand durfte uns zusammen sehen. Die Zusammenhänge zwischen der Flucht ihres Freundes und meinem Ausreiseantrag wären zu offensichtlich gewesen und hätten sie in nicht zu unterschätzende Schwierigkeiten bringen können.
Für mich spielte das zu der Zeit schon keine Rolle mehr, denn ich wollte nur eins. RAUS!
Als nach zehn Tagen die Nachricht durchdrang, die beiden seien geschnappt worden, sank meine letzte Hoffnung auf Hilfe aus dem Westen dahin und ich beschloss, zu fliehen. Es tat sich, völlig überraschend für mich, ein Partner

für die Flucht auf. Mein langjähriger Freund Jens wollte mit, und so begannen wir gemeinsam Pläne zu schmieden. Ein gefährliches Unterfangen, denn überall lauerten Spitzel und Informanten, bereit, alles und jeden zu verraten. Nun galt es, technische Probleme zu lösen. Wir brauchten Karten, Werkzeuge und Devisen, was alles nur auf Umwegen mit großem Aufwand zu beschaffen war. Immer wieder besprachen wir unser Vorhaben und erwogen die verschiedenen Möglichkeiten. Nach einer Woche hatten wir unseren Fluchtplan komplett entwickelt, denn Zeit wollten wir auf keinen Fall mehr verschwenden. Meine Mutter hatte ich ins Vertrauen gezogen. Sie wusste über unser Vorhaben Bescheid und unterstützte mich, wo sie konnte.

Dann ging es los. Mit dem Motorrad, das ich von Wu bekommen hatte, brachen wir in Richtung Tschechoslowakei auf, deren Grenze nur etwa 30 Kilometer von uns entfernt war. Jens hatte sich von seinen Eltern etwas Westgeld besorgt, das wir im Rückspiegel versteckten, falls uns jemand filzen würde. Und das war gut so, denn kaum waren wir an der Grenze angelangt, zeigten sich die Grenzer äußerst misstrauisch. Immer wieder prüften sie Jens' Ausweis. Schließlich schickten sie uns zurück wie kleine Kinder. Schuld war das Passfoto, das mehr als fünf Jahre alt war und Jens nicht wiedererkennen ließ. Seine Haare, die er jetzt lang trug, veränderten ihn vollkommen. Wohl oder übel mussten wir umkehren. Doch ans Aufgeben dachten wir keine Sekunde, im Gegenteil, wir waren nach wie vor fest entschlossen, unser Vorhaben durchzuziehen. Jens ließ sich über Nacht die Haare schneiden und wir brachen am nächsten Morgen erneut auf. Diesmal hatten wir Erfolg und bekamen „freie Fahrt für freie Bürger". Unser Ziel war die österreichische Grenze, denn wir wollten nach Wien, und das erschien uns in der Nähe von Breclav am schnellsten und besten machbar zu sein. Auf halber Strecke übernachteten wir direkt neben der Autobahn. Wir legten uns in einen Straßengraben und betrachteten den Sternenhimmel. Es war eine schöne laue Sommernacht, in der wir lange erzählten und von unserer Zukunft träumten. Weiße Strände vor Augen, den Duft von Freiheit in der Nase und große Abenteuer vor Augen schliefen wir ein. Doch noch war es nicht soweit.

Wenn man die Karte betrachtete, lag Breclav gar nicht weit von Wien entfernt. Umso absurder fand ich es, dass dazwischen Zäune standen, deren Übersteigen mit dem Tode bestraft wurde. Dieses System musste wirklich Angst haben. Doch wovor eigentlich? Es wurden künstliche Feindbilder aufgebaut, die diese Handlungen rechtfertigten. Gerade jetzt, im vereinten Europa erscheinen die Unmenschlichkeiten und Gedankengänge der damaligen Machthaber besonders absurd.

Im Brno unterbrachen wir unsere Fahrt kurz und besorgten uns einen großen Seitenschneider. Damit wollten wir die Zäune durchtrennen und uns den Weg in die Freiheit schneiden. Dann setzten wir unsere Fahrt nach Breclav fort. Der Zeltplatz, auf dem wir unser Zelt aufschlugen, lag an einem Wald, der bis zur Grenze reichen musste. Wir schätzten die Entfernung auf drei Kilometer, was für unsere Begriffe sehr nahe war, denn in der DDR hatte man vor den Grenzen zusätzlich ein weiträumiges Gebiet errichtet, das nur Anwohner oder Besucher mit Genehmigung betreten durften. Dorthin hätte gerade ich nie vordringen dürfen. Nachdem wir unser Zelt aufgeschlagen hatten, erkundeten wir vorsichtig die Gegend. Während unseres Spazier-

gangs beschlossen wir, gleich die darauf folgende Nacht zur Flucht zu nutzen.
Zu vorgerückter Stunde wurde es ernst. Wir zogen uns schwarze, oder zumindest dunkle Klamotten an und ich rollte eine schwarze Mütze, wie sie häufig von Fischern getragen wird, über meine langen blonden Haare. Meine Oma hatte sie extra für mich gestrickt und in dieser Nacht sollte sie für meine Tarnung sorgen. Vermutlich sahen wir wie ein Trupp der Fremdenlegion aus, mit dem Unterschied, dass wir keinerlei Waffen trugen und nicht angreifen, sondern flüchten wollten. Es war dunkel, als wir unser Zelt verließen und in den Wald aufbrachen. Außer der Zange und dem Westgeld, das wir aufgeteilt hatten, ließen wir alles zurück. Das Motorrad, das uns hierher gebracht hatte und das Zelt sowie einige Decken – wir sollten nichts davon wiedersehen, doch damit rechneten wir sowieso. Vorsichtig und leise, aber dennoch zügig bewegten wir uns durch den Wald. Nach einer knappen Stunde stießen wir auf einen Weg, den wir überquerten. Gegenüber zeichnete sich ein riesiges Feld ab. Dazwischen stand jedoch ein Stacheldrahtzaun von etwa dreieinhalb Metern Höhe, an dessen Oberseite ein Querstück wie bei einem „T" angebracht war. So war es unmöglich, den Zaun zu überklettern ohne sich zu verletzen. Ein klarer Fall für unseren Freund, den Seitenschneider. Nach einer kurzen Verschnaufpause nickten wir uns aufmunternd zu und schritten zur Tat. Ohne den geringsten Zweifel, mein Ziel fest vor Augen, griff ich beherzt zur Zange und drückte zu. Wie eine Feder sprang der Draht auseinander. Er musste unter enormer Spannung gestanden haben. Zum Glück schlug er keinem von uns ins Gesicht, sonst würden wir heute noch ein sichtbares Andenken an diese

Nacht tragen. Um hindurch zu schlüpfen, musste ich drei Drähte durchzwicken, erst dann konnten wir unseren Fuß auf die andere Seite setzen. Doch damit hatten wir uns verraten. Scheinwerfer leuchteten auf und tauchten alles in grelles Licht. Jetzt wurde es richtig ernst, denn unsere Widersacher würden alles geben, uns zu erwischen. Wir stiegen durch das Loch und rannten um unser Leben, unsere Freiheit.

Das Feld war holprig und es fiel uns schwer, ein hohes Tempo zu halten. Der Schweiß lief an mir herab, doch hier konnte heute nur einer gewinnen. Aufregung und Angst ließen mein Herz bis zum Hals klopfen. Wir rannten in einem Winkel von etwa 45 Grad vom ersten Zaun weg, um die weiteren Zäune in einem anderen Quadranten zu erreichen. Wir hatten zwar keine Ahnung, ob dies wirklich besser war und welche Pläne die Grenzbeamten verfolgten, aber es erschien uns irgendwie logischer. So hetzten wir dahin. Nach mehreren hundert Metern trafen wir auf einen niedrigeren Zaun, dessen geschätzte 1,20 Meter wir ruckzuck überkletterten. Und weiter ging die Jagd. Als nächstes tauchte ein Feld mit Obstbäumen vor uns auf, das von einem Maschendrahtzaun umgeben war. Merkwürdig. Wir blickten uns um. Da! Der Lichtkegel einer Taschenlampe tauchte auf. Unsere Verfolger! Sie rannten direkt auf uns zu. Weiter! Schnell! Wir überkletterten den Zaun. Als wir dann im sauber angelegten Obstbaumfeld standen, hörten wir mehrere Soldaten laufen, Maschinenpistolen klappern und Hunde winseln. Sie würden vor nichts zurückschrecken um uns aufzuhalten, schließlich waren wir der Staatsfeind, der den Sozialismus verraten wollte. Jahrelang wurden sie darin geschult, Flüchtlinge wie uns aufzuhalten. Tot oder lebendig! Mit diesem Wissen quälte sich zum ersten Mal Todesangst in mein Bewusstsein, und ich dachte ans Aufgeben. Doch Jens machte mir Mut. Er winkte mir und schlich langsam und leise voran. So durchquerten wir das Feld, bis wir am Ende vor einem großen Wachturm standen. Zehn Meter hoch tat sich das Ungetüm vor uns auf und es dauerte einige Zeit, bis wir feststellten, dass er unbesetzt war. So fassten wir uns ein Herz und liefen direkt unter ihm durch. Aber nun standen wir vor dem nächsten Hindernis, einem Zaun in der gleichen Höhe und Ausführung wie der Erste. Unsere Verfolger waren uns dicht auf den Fersen, hatten uns aber noch nicht ausgemacht. Sie wussten, dass wir da waren und würden nicht aufgeben, bis sie uns geschnappt hätten oder wir auf Nimmerwiedersehen verschwunden waren. Wir entschieden uns, erst eine Weile am Zaun entlang zu laufen, um nicht wieder das Licht auszulösen. Damit rannten wir in die sprichwörtliche Höhle des Löwen, denn kurz darauf tauchte die kleine Kaserne der Grenztruppe auf. Sie lag noch im Dunkel und wir hasteten direkt hinter ihr vorbei. Wir hatten noch genau zwei Zäune vor uns, die in einem Abstand von fünf Metern standen. Den hohen, und einen niedrigeren, mit etwa 2,50 Meter Höhe, vor dem aber eine große Stacheldrahtrolle mit einem Durchmesser von 1,50 Metern lag. Was musste das alles gekostet haben! Hunderte von Kilometern Grenzbefestigung! Was hätte man mit diesem Geld alles anfangen, wie viele Menschenleben retten können!

Wir kappten wieder drei Drähte des großen Zaunes und schlüpften hindurch. Und wiederum lösten wir damit die Scheinwerfer aus. Wir hatten zwar damit gerechnet, aber es war nun einmal unsere einzige Möglichkeit. Jetzt musste es schnell gehen, denn unsere Verfolger waren schon nah. Verdammt nah. Es war wie verhext, das System wollte mich einfach nicht ausspucken! Ich roch bereits die Freiheit, doch noch wurde sie vom Geruch unserer Jäger übertüncht. Wir rannten weiter. Gab es hier Tretminen? Vermutlich. Doch in diesem Falle hatten wir Glück. Die Soldaten kamen immer näher, so dass wir uns entschieden, in die Stacheldrahtrolle zu schlüpfen. Jens versuchte aus der Rolle heraus den Zaun zu durchtrennen, doch die Schritte kamen näher. Still lagen wir auf dem Boden, vom Stacheldraht umgeben und wagten kaum zu atmen. Wir waren kurz davor, zu entkommen! Und tatsächlich – sie rannten an uns vorüber. Gleich wäre es geschafft. Doch dann kehrten sie um. Und noch bevor ich begriff, was passierte, traf mich der Kegel einer Taschenlampe mitten ins Gesicht. Blinzelnd versuchte ich etwas zu erkennen, was mir schließlich auch gelang, aber das Blut in den Adern stocken ließ. Mehrere Gewehrläufe zielten auf mich! Dann

wurde ich von vielen Händen gewaltsam aus meiner Rolle gezerrt. Man warf mich mit dem Gesicht nach unten auf den Boden und ein großer Schäferhund legte sich hechelnd auf meinen Körper. Der Wettlauf war beendet. Ich hatte ihn verloren. Jetzt war ich in den Händen meiner Widersacher. Gefangen. Mit einer ungewissen Zukunft. Zurück im System, aber nun nicht mehr anonym, sondern als Staatsfeind. Abschaum. Was würde jetzt passieren?

Jeder freie Mensch ist ein Zeichen der Hoffnung, des Trostes, der Ermutigung und Ermunterung für viele noch unfreie. (Karl Barth)

GEFANGEN

Sofort nachdem man uns ins Innere der Kaserne gebracht hatte, begannen die Verhöre. Der oberste Befehlshaber brüllte uns aufgebracht an, bevor er sich wie ein Tier auf Jens stürzte und kräftig zuschlug. Wieder und wieder hob er die Hand. Jens hielt beide Hände über dem Kopf zusammen und erst als er sich duckte, hielt der Oberst, immer noch wütend, inne.

Da wir kein Tschechisch sprachen und keiner der Soldaten Deutsch, wurde ein Übersetzer angefordert. Ein älterer Mann, vielleicht sechzig Jahre alt, führte mit uns eine ruhige, beinahe freundliche Unterhaltung. Die Befragung fiel eher oberflächlich aus. Namen und allgemeine Angaben. Wo wir herkämen? Wo unsere Sachen seien? Er erzählte uns dann, dass wir beinahe entkommen wären und schon vor dem letzten Zaun lagen, als sie uns geschnappt haben, daher sei der Oberst auch so wütend. Es galt nicht gerade als sozialistische Heldentat, einen Flüchtling entkommen zu lassen.

Leider hatten wir es nicht auf die andere Seite geschafft. Deshalb saßen wir nun hier. Gefangen, und einem Regime ausgeliefert, das uns sicher nicht als Staatshelden empfangen würde. In Handschellen, total verdreckt, doch waren wir am Leben. So leicht sollte es uns nicht gelingen, diesen Teil der Erde zu verlassen.

Nach einer langen schlaflosen Nacht brachte man uns am nächsten Morgen in Handschellen aus der Kaserne des

Grenzgebiets. Mit einem fensterlosen Transporter wurden wir in ein Untersuchungsgefängnis verlegt. Der Aufbau der Grenzanlagen war streng geheim und man versuchte, sie vor unseren Blicken zu schützen. Am Nachmittag trafen wir dann im Gefängnis Brnó ein. Die Wärter blickten uns kalt und gleichgültig entgegen. Dann trennte man uns. Ich wurde Gänge entlang geschubst und durch eine Tür gedrängt. Nachdem die Zellentür hinter mir ins Schloss gekracht war, wurde es ruhig und ich begann, meine Gedanken zu ordnen. Alle möglichen Szenarien schossen mir durch den Kopf, wobei sich Angst und Hoffnung rasch ablösten. Sieben lange Tage war ich alleine und hatte genug Zeit, nachzudenken. Oft sprach ich mit mir selbst, ab und zu sang ich ein Lied. Immer wieder schlich ich in meiner Zelle auf und ab wie ein gefangenes Tier. Manchmal stellte ich mich auch ans Fenster und genoss es, wenn die Sonne ein paar einzelne Strahlen durch die Gitterstäbe schickte. Zumindest sie war für mich da. Ein Gefühl, dass mir wieder ein bisschen Mut machte.

Eines Nachts öffnete sich die Zellentür und ein Afrikaner wurde hereingeschoben. Er hatte in betrunkenem Zustand Ärger mit der Polizei angefangen und saß jetzt nervös neben mir. Ich versuchte, mich etwas mit ihm zu unterhalten, doch mein gebrochenes Englisch war schnell erschöpft und wir beschränkten uns auf freundliche und aufmunternde Blicke. Am nächsten Morgen holten sie ihn aus der Zelle. Eine kurze Bekanntschaft.

Nach einer guten Woche öffnete sich für mich die Zellentür. Ich wurde, wiederum in einem Transporter, weggebracht. Als sich die Tür das nächste Mal öffnete, befand ich mich im Hof des Staatsgefängnisses von Prag. Dort führte man mich treppab. Stufe um Stufe ging es hinun-

ter, immer tiefer, bis wir in einem Gewölbekeller anlangten. Nur wenig Licht und kahle Sandsteinwände erinnerten an frühere Zeiten. Am Ende eines langen Ganges schlossen die Wärter eine Eisentür auf und schoben mich hindurch. Dann fiel die Tür hinter mir zu und der Schlüssel quietschte. Fünf zerzauste und neugierige Gesichter starrten mir entgegen. Ob ich genauso aussah? Sicher, denn auch ich hatte seit fast zehn Tagen nicht geduscht. Erst nach und nach gewöhnten sich meine Augen an das diffuse Licht und ich begann, meine Umgebung zu inspizieren. Der Raum glich einem alten Stallgemäuer. Rote Ziegelwände und ein grauer Betonboden zeugten von vergangenen Zeiten. Sicherlich hätten die Wände viel zu erzählen. Die Liegen waren aus Holz und mit Bändern bespannt, wie ich es noch aus der Kindergartenzeit kannte. Zu jeder Liege gehörten zwei alte Armeedecken, die steif und kratzig an unseren Körpern rieben.
In einer der Ecken war eine graubraune und offenbar sehr alte Keramikplattform in den Boden eingelassen, in deren Mitte sich ein Loch befand. Es war unsere Toilette. Oberhalb davon ragte ein schmales Rohr aus der Wand, das gleichzeitig als Spülung und als Waschmöglichkeit diente. Da dieser Bereich in keiner Weise abgetrennt war, konnte man sich mit allen – quasi Auge in Auge – unterhalten, während man sein Geschäft verrichtete. Eine Privatsphäre war für uns als Systemgegner und Feinde des Sozialismus nicht vorgesehen. Aber gut, wir befanden uns in einem benachbarten Land, welches sicher schon genug Aufwand und Mühe mit uns hatte. Was konnten wir da schon erwarten?
Die kleinen vergitterten Fenster lagen unter der Erdoberfläche und mit schöner Regelmäßigkeit kam aus den darüber liegenden Zellen Abfall ins Loch geflogen.

Nach und nach lernte ich die anderen kennen. Unsicher erzählten wir uns gegenseitig unsere Fluchtgeschichten, immer damit rechnend, dass ein Spitzel unter uns sein könnte oder einer den anderen gegen Versprechungen oder Vergünstigungen verraten könnte. Und doch nahmen wir auch dies in Kauf, denn wir alle sahen den Aufenthalt dort nur als eine Station, die es zu überwinden galt. Mit der Alternative, im System nur noch zu funktionieren, hatten wir schließlich auch eine Haft billigend in Kauf genommen. Irgendwie war ich diesmal froh, dort gefangen zu sein. Ich konnte aufrücken, wähnte mich näher an den Machthabern, die letztendlich über meine Abschiebung entscheiden würden. Weg von all den Andienern in unserer Stadt, die nur darauf aus waren, nach oben hin einen realitätsfremden und systemtreuen Eindruck zu machen.
Hier in Prag wurde ich dann auch das erste Mal von einem deutschen Stasimitarbeiter verhört, und der Fluchthergang wurde protokolliert. All das geschah mit einer Gleichgültigkeit, die zu erwarten war. Wieder zurück in meiner Zelle wartete ich auf den Weitertransport, denn ich ging davon aus, dass sie mich in die DDR zurückbringen würden, um mir den Prozess zu machen. Tatsächlich ging eines Morgens die Tür auf und wir mussten unsere wenigen Sachen packen. Ein Transporter brachte uns zum Prager Flughafen. Zusammen mit etwa zwanzig Anderen sollte ich ausgeflogen werden. Eine Horde von dreißig Stasi-Leuten erwartete uns. Jeder von uns wurde mit Handschellen, einem eigenen Begleiter und einem kostenlosen Fensterplatz bedacht. Es war mein erster Flug. Nach etwa einer Stunde landeten wir in Berlin. Dort wurden wir auf Kleintransporter geladen und in die jeweils zuständigen Bezirke ge-

bracht. Mich brachte man nach Karl-Marx-Stadt, das heutige Chemnitz, wo ich einige Zeit verbringen sollte. Wenn man ein derart staatsfeindliches Unternehmen durchführte, musste man natürlich die Auswirkungen insgesamt betrachten und berücksichtigen. Wir wurden zwar gefangen genommen, hatten aber zu diesem Zeitpunkt dennoch gute Chancen, nicht wieder ins System eingegliedert, sondern in die BRD abgeschoben zu werden. Aufrührer und Staatsfeinde wollte man nicht frei im Lande herumlaufen lassen, und so sperrte man sie erst einmal weg. Da die BRD humanitäres Interesse an uns zeigte, wurde fleißig über unseren Verbleib verhandelt und so mancher gute Deal abgeschlossen, der die Staatskasse mit Devisen auffüllte. Nach einer Abschiebung war es für zwanzig Jahre, teilweise noch länger, nicht möglich, die DDR und damit die Familie zu besuchen. Auch wären Familienangehörige keinesfalls in den Genuss einer Ausreisegenehmigung gekommen, um dem Westen einen Besuch abzustatten. Familienzusammenführungen waren langwierig und schikanös. Noch Jahre zuvor waren Republikflüchtlinge mit fünf und mehr Jahren Gefängnis bestraft worden. Sie wurden in berüchtigten Haftanstalten wie Bautzen oder Cottbus verwahrt und mussten als „Politische" mit körperlichen und seelischen Erniedrigungen rechnen. Zu unserer Zeit, 1988, war das System schon etwas aufgeweicht und die Zahl der Flüchtlinge bedrohlich angestiegen. Aber nicht nur Flüchtlinge galten als politische Staatsfeinde, sondern jeder, der versuchte, dem System zu schaden, wurde eingesperrt. Schon ein Brief an Herrn Honecker mit entsprechenden Äußerungen konnte zwei oder drei Jahre Gefängnis bedeuten, unabhängig davon, welchen Status die jeweilige Person hatte. Die Beteiligung

an den stummen Märschen, wie sie damals in Berlin, Leipzig oder Chemnitz und später in fast jeder Stadt durchgeführt wurden, brachte bereits ein bis zwei Jahre. Ganze Gefängnisse wie Chemnitz und Cottbus dienten zur Unterbringung von politischen Gefangenen. Die Regierung der BRD kaufte mit Steuergeldern jeden Einzelnen frei und zeigte damit Einsatzbereitschaft und Humanität.
In der DDR hatten wir es mit einer Diktatur zu tun, die als gut gedachter und gerechter Sozialismus startete und durch Angst, Machtgier und Misstrauen mutierte. So kam das Ende, schleichend, aber durch die Entschlusskraft und der Einigkeit des Volkes nicht länger aufzuhalten. Dass dies unblutig möglich war, haben wir vielen Umständen zu verdanken, doch wollen wir auch die nicht vergessen, die in den vierzig Jahren der DDR auf dem Weg in die Freiheit ihr Leben ließen. Immerhin kamen in dieser Zeit über eintausend Menschen ums Leben.
Mich brachte man direkt in die Untersuchungshaftanstalt der Staatssicherheit am Kassberg. Dort wurde ich gewaltlos behandelt und man ließ mich in Ruhe. Nur meine Haare wurden abgeschnitten, ohne dass ich widersprechen konnte, denn es war aus hygienischen und vielleicht auch anderen Gründen Vorschrift.
Alles war von Routine getragen, so dass ich das Gefühl hatte, hier nur verwaltet zu werden. Man brachte mich in eine Zelle im Obergeschoss, in der drei Betten standen. Sie war drei mal vier Meter groß, aber ansonsten sauber und übersichtlich, was bei dieser Größe nicht wirklich verwunderte.
Dort traf ich auf Dieter, der direkt aus Chemnitz kam und an den regelmäßig stattfindenden Schweigemärschen teilgenommen hatte. Wir freundeten uns schnell an und fass-

ten Vertrauen. Er war etwa vierzig, Vater einer Tochter und hatte ebenfalls einen Ausreiseantrag gestellt.
Wir hielten zusammen und manchmal gelang es uns sogar, über die Umstände zu lachen. Jeden Morgen hatten wir Freigang. Um sieben nach dem Frühstück trotteten wir in ein dreieckig eingemauertes Freigelände von etwa sechs bis acht Metern Schenkellänge. Die Mauern waren vier Meter hoch und mit Maschendraht überspannt. Wie Wölfe im Zoo liefen wir darin umher.
Es folgten unzählige Verhöre, in denen jedes Detail niedergeschrieben und protokolliert wurde. Dieses Mal war mein Zustand äußerst stabil und ich war fest entschlossen. Ich harrte der Dinge, die da kommen würden und ließ alles über mich ergehen. Mein Ziel war abgesteckt, und das brachte ich deutlich und beherrscht zum Ausdruck. Immer wieder hatte ich den gleichen Stasi-Mitarbeiter vor mir sitzen und immer wieder stellte er die selben Fragen und erhielt die selben Antworten, bis er eines Tages nach meiner Mutter fragte. Er wollte wissen, ob sie von meiner Flucht wusste. Ich verneinte vehement. Doch er fragte wieder und wieder, ließ einfach nicht locker. Er vermutete, dass sie es wusste und drohte mir schließlich, sie einzusperren, wenn ich es nicht zugäbe. Ich schwieg lange. Die Gedanken in meinem Kopf schossen hin und her. Unvorstellbar, meine Mutter im Knast.

„Ihr seid Schweine", fuhr ich ihn dann wütend an. „Ja, sie wusste es!" In diesem Moment fühlte ich mich als elender Verräter. Bei der Vorstellung aber, dass meine Mutter hier in U-Haft sitzen könnte, wurde mir übel, und Hass auf diese herrschsüchtigen, arroganten und selbstgefälligen Menschen stieg in mir auf. Mein Gegenüber versprach,

dass meiner Mutter nichts geschehen würde, doch was war ein solches Versprechen wohl wert? In diesem Fall zeigte sich allerdings die Stasi gnädig und hielt ihr Wort.
Die Wochen vergingen und es wurde Herbst. Ende Oktober traf meine Anklageschrift ein. Der Rechtsanwalt, der auch als eine Art Vermittler zu Anwalt Vogel in Berlin fungierte, wies mich ins Prozedere ein. Ich sollte mich auf jeden Fall schuldig bekennen, egal welche Strafe mich erwartete, denn ich würde sie sowieso nicht voll absitzen, und – auch das war wichtig – sollte auf keinen Fall Berufung einlegen. Es klang alles sehr hoffnungsvoll, so dass ich ihm glaubte und das Spiel mitspielte.
Zur Verhandlung sah ich dann das erste Mal seit zweieinhalb Monaten meinen Freund Jens wieder. Wortlos lächelten wir uns zu. Die Verhandlung war nicht öffentlich und reine Routine, eher langweilig. Alles wurde einfach abgelesen, übrigens von unserem damaligen Staatsanwalt in Oelsnitz, der zu diesem Prozess extra angereist kam. Am Ende verurteilte man uns zu zwanzig Monaten Gefängnis. Wir legten keine Berufung ein.

Dieter, mit dem mich mittlerweile eine innige und freundschaftliche Beziehung verband, wurde gleichzeitig mit mir in eine Zelle für anstehende Transporte in einem anderen Gebäude verlegt. Dort stießen wir zum ersten Mal auf einen echten Kriminellen. Es war ein junger Kerl, der seit Monaten keine Haare geschnitten hatte und dessen Fußnägel sich schon um die Zehen rollten. Es war ein bemitleidenswerter Anblick. Wir bemühten uns, sprachen freundschaftlich mit ihm und kamen gut miteinander aus. Dieter war ebenso klar wie mir, dass unsere gemeinsame Zeit, die immerhin fast drei Monate dauerte, dem Ende zuging.

Eines Morgens, kurz nach dem Wecken, öffnete sich laut klappernd die Tür.
„Goldstein, fertig machen und Sachen packen!“ Es ging los. Dieter und ich wechselten vielsagende Blicke und ich zitterte vor Aufregung. Trennungsangst kroch in mir hoch. Während ich aufgeregt in meinen Sachen wühlte, fielen einige ermunternde Worte und schon öffnete sich die Tür wieder.
„Goldstein, raustreten!“
Ich stand da und sah Dieter an. Wir umarmten uns, wünschten uns viel Glück und ich machte mich auf den Weg. An der Tür blickte ich mich ein letztes Mal nach ihm um. Er hatte Tränen in den Augen. Wir haben uns nie wieder gesehen.
Die Fahrt zur Strafvollzugsanstalt Chemnitz dauerte nur eine halbe Stunde. Hier sollte ich also meine Strafe absitzen. Die Anstalt war relativ neu und wirkte sehr modern. Eine große Mauer mit Stacheldraht und Kameras umgab das Gelände. Die Gefangenen wurden in einem großen Neubaublock aufgenommen, in dessen Inneren sich ein Hof von der Größe eines kleinen Fußballfeldes befand, der zusätzlich eingezäunt war. Es ist erstaunlich, welches Gewohnheitstier der Mensch ist. Er versucht immer, sich seiner Umgebung anzupassen. Nach einer gewissen Zeit nimmt man die Mauern, die Zäune und den Stacheldraht gar nicht mehr wahr.
Die Anstalt war an ein altes Betonwerk angegliedert, das Bauteile fur die Plattenbauten der DDR herstellte. Merkwürdigerweise waren gerade diese Wohnungen, die mit Doppelfenstern und Fernheizung ausgerüstet waren, in der DDR so begehrt, dass sie nur mit Beziehungen, nach langer Wartezeit oder gar nicht zu bekommen waren.

In diesem Werk arbeiteten wir Gefangenen in einem Zweischichtsystem und trugen so auf unsere Art zum Wohle des Volkes bei. Meine Aufgabe bestand darin, die einzelnen Batterien, in die der Beton gefüllt wurde, zu öffnen und zu reinigen sowie die Formwände mit Öl einzusprühen. Und dies tat ich. In einer solch monotonen Umgebung sehnt man sich nach Beschäftigung und führt die seltsamsten Arbeiten gerne und befriedigt aus.
Untergebracht wurden wir in sogenannten Erziehungsbereichen, die jeweils 50–70 Gefangene aufnahmen. Ich schlief in einer Sechs-Mann-Zelle, die etwa fünf mal fünf Meter maß und tagsüber nicht verschlossen war. Zwei dreistöckige Betten, zwei Schränke, ein Tisch und – warum auch immer – nur vier Stühle, das war alles.
Ich war noch nicht lange dort und hatte mich kaum eingelebt, da geschah ein kleines Wunder. An einem ruhigen Wochentag, wir hatten Spätschicht, öffnete sich die Tür und Didi trat ein. Wir hatten uns seit fünf Monaten nicht gesehen und freuten uns entsprechend. Konnten es kaum glauben. Nach dieser Zeit hatten wir natürlich viel zu erzählen. Er belegte das Bett unter mir, was mir ein wunderbares Gefühl gab. Mit dem Freund kam wieder ein Stück Vertrautheit in mein Leben. So ist das eben mit der Unwahrscheinlichkeit, sie tritt immer dann ein, wenn man gar nicht damit rechnet.
Der Tagesablauf in einem Gefängnis ist, wenn man von einigen Ausnahmen absieht, wohl eher als unspektakulär zu bezeichnen und man neigt dazu, in eine Art Lethargie zu verfallen. Allerdings hatte ich dort auch mehrmals derartige Lachkrämpfe wie nie sonst in meinem Leben. Es war als ob alles abgeschaltet wäre, sich die Seele aber die lustigen und schönen Dinge holte, die sie brauchte. Tag um Tag verging. Wir arbeiteten in zwei Schichten, erzähl-

ten viel und jeden Abend um Sieben ging ich in die Nachbarzelle, um mit einem Zehn-Liter-Eimer etwas für meine Muskeln zu tun. Sonntags gab es Tee und zuweilen auch Kuchen oder Kekse, die über Pakete von Familienangehörigen den Weg zu uns fanden. Dann saßen wir alle zusammen wie eine eingeschworene Gemeinschaft und unterhielten uns. Einmal im Monat durften wir Besuch bekommen. Meist kam meine Mutter zu mir, und ein Mal brachte sie auch meine alte Freundin Anja mit, die Schwester von Jens, der seine Zeit in Cottbus absaß.
Am aufregendsten und spannendsten waren die Diskussionen und Spekulationen darüber, wer wohl als Nächster abgeschoben werden würde. Dies ging folgendermaßen vor sich: An einem Tag in der Woche, meist Dienstags, war Abschiebetag. Die Kandidaten dafür sollten möglichst schnell und überraschend von allen anderen getrennt werden. Dies geschah dann in der Schleuse, die wir jeden Tag passieren mussten, wenn wir auf das Fabrikgelände gebracht wurden. Jede Brigade, die aus sechs bis zwölf Mann bestand, musste sich in einer Reihe aufstellen. Dann wurden die Namen jedes Einzelnen vorgelesen und man verließ die Schleuse in Richtung Fabrikgelände und gelangte so zu den Umkleideräumen. Manchmal wurde jedoch ein Name nicht aufgerufen und derjenige musste dann heraustreten und sich in der hinteren Ecke der Schleuse an die Wand stellen. Abschiebekandidat! Oft sah ich, wenn ich durchging, drei oder vier Mann an der Wand stehen. Es gab also berechtigte Hoffnung, eines Tages selbst dort zu stehen und den Weg in die Freiheit anzutreten.
Über diese Diskussionen war es Winter geworden, und wir verbrachten die Weihnachtstage und Neujahr in unserer eingeschworenen Gemeinschaft. Da in Chemnitz etwa 95 % aller Gefangenen politisch Inhaftierte waren, darunter Dok-

toren, Ingenieure, Ärzte und Lehrer, fanden sich immer aufregende und intelligente Gesprächspartner. Trotz der Anspannung herrschte größtenteils Harmonie und Friede. Gerade um die Weihnachtszeit hatten es die Familienväter unter uns besonders schwer und wir unterstützten sie, wo wir konnten. Wir organisierten Nachmittage mit Tee und Kuchen. Irgendwo fanden sich sogar ein paar Kerzen, so dass lustige und relativ gemütliche Männerrunden stattfanden. Keiner wollte aufgeben und die Gemeinschaft half uns dabei sehr. Diese Energie war sehr präsent und durchzog das ganze Gefängnis. Unser Widerstand war nicht gebrochen, und teilweise starrten uns sogar die Wärter mit einem seltsamen Ausdruck in den Augen an. Ich las Machtlosigkeit, Bedauern, Abstand oder Neid. Hass war selten spürbar.

Das war jetzt mein zweites Weihnachtsfest, das ich nicht in der Familie oder unter Freunden, sondern innerhalb von Gefängnismauern verbrachte.

Von Silvester bekamen wir beinahe nichts mit, denn wir gingen um zehn Uhr ins Bett und verschliefen so den Jahreswechsel. Der Januar verging wie im Flug, obwohl jeder Tag vom gleichen Rhythmus geprägt war, vielleicht aber auch gerade deshalb.
An einem eiskalten Februarmorgen, wir waren wie immer auf dem Weg zum Fabrikgelände, stand ich in der Schleuse und wartete. Alle meine Kameraden waren schon aufgerufen worden und hatten die Schleuse verlassen, nur ich stand wie versteinert und wartete auf meinen Namen. Ich starrte den Wärter entgeistert an. Wollte er denn nicht, dass ich die Schleuse verließ? Statt dessen nickte er stumm mit dem Kopf in Richtung Ecke. Ich war wie gelähmt und doch, es musste so sein! Abschiebung!

Mein Blick schweifte ein letztes Mal an den Wärtern vorbei zur Tür, die zum Arbeitsbereich führte. Dort suchte ich nach Didi und sah ihn ein letztes Mal. Dort stand er, direkt an der Ausgangstür. Er lachte mich an und bevor er abdrehte, streckte er den Daumen nach oben. Dann verschwand er in der Dunkelheit. Ich sollte ihn nicht mehr sehen. Wieder war ich allein ins Ungewisse unterwegs. Was würde mich nun erwarten? Eines stand fest: Es würde aufregend werden. Ein neues Leben würde beginnen!
Sie brachten mich in die altvertrauten Gemäuer des Stasigefängnisses zurück, in dem ich meine U-Haft abgesessen hatte. Die Tage vergingen. Glücklich, aber trotzdem von Misstrauen und Angst geplagt, wälzte ich mich herum, bis ich endlich abgeholt wurde. Ich musste verschiedene Papiere unterschreiben: Entlassung aus der Staatsbürgerschaft der DDR.

URKUNDE

Mario Goldstein

geboren am 23. 09. 1969

in Oelsnitz

wohnhaft in 9920 Oelsnitz,

Gartenhäuser Straße 10

wird gemäß § 10 des Gesetzes vom 20. Februar 1967 über die Staatsbürgerschaft der Deutschen Demokratischen Republik (GBl. I S. 3) aus der Staatsbürgerschaft der Deutschen Demokratischen Republik entlassen.

Die Entlassung aus der Staatsbürgerschaft der Deutschen Demokratischen Republik wird gemäß § 15 Abs. 3 des Staatsbürgerschaftsgesetzes mit der Aushändigung dieser Urkunde wirksam.

Berlin,

den 23. 02. 1989

Ausgehändigt am

27. 02. 1989

D.S.

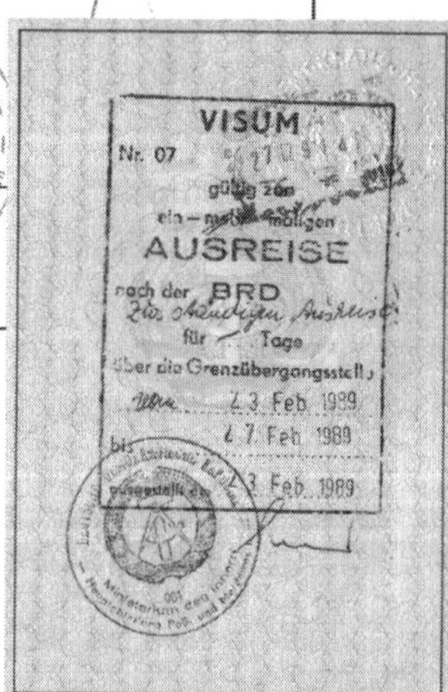

Auflösung von Konten sowie Eigentumsverzicht. Da ich nichts hatte, ging alles bei mir sehr schnell. Nach etwa zwei Wochen wurde ich zusammen mit zwei anderen Gefangenen aus den Zellen geholt und in einen Transporter geladen. Langsam rollten wir vom Gelände. Am Hauptbahnhof Chemnitz (damals noch Karl-Marx-Stadt) standen wir am Bahnsteig und wurden belehrt, uns ruhig zu verhalten und das Zugabteil nicht zu verlassen. Wir stimmten sofort zu und konnten unsere Freude kaum verbergen. Dann stiegen wir ein und der Zug rollte langsam an. Ziel Fulda, über Bebra.

Da saßen wir nun, starrten uns an und lächelten, beobachteten die Aufpasser der Stasi, die im Gang auf und ab gingen. Ich vergaß die Zeit und als wir ein letztes Mal stoppten, war der Stasi-Mann verschwunden. Der DDR-Boden floss förmlich unter unseren Füßen davon. Die Gefühle eines solchen Moments sind schwer zu beschreiben. Vom Fenster aus sah ich den Grenzstein an mir vorüber ziehen. Schwarz-Rot-Gold. In diesem Moment veränderte sich alles, und ich hatte den Eindruck, dass ein böser Geist meinen Körper verließ. Emotionen wirbelten durcheinander. Endlich in Freiheit! Wir rissen die Fenster des Zuges auf und schrien unsere Freude hinaus! Endlich Luft! Der Kampf war vorüber und ich war Sieger.

Ich hatte es geschafft! Es war ein Meilenstein in meinem Leben. Dieses Ziel hatte ich erreicht und stand schon wieder am Anfang. Auf ging es zu neuen Zielen. In einem neuen Land, in einem neuen System. Die Welt lag mir zu Füßen und ich setzte viel Vertrauen in den Westen, den ich schon so lange zu erreichen versucht hatte. – In Fulda stiegen wir aus. Es war Februar, und es regnete, doch mir war warm.

Ihr seid die Schöpfer eurer Realität,
und das Leben kann sich euch auf keine andere Weise zeigen als auf die,
wie ihr denkt, dass es dies tun soll.

VON OST NACH WEST UND ZURÜCK

Kaum in Fulda angekommen, stiegen wir um und fuhren an diesem kalten Februarnachmittag weiter in Richtung Gießen, das mir schon länger als Anlaufstelle für Ausreisende aus Ostdeutschland bekannt war. Dort wurden die ersten Weichen gestellt, die Aufnahme in die BRD erfolgte. Das Einzige, was wir zu diesem Zeitpunkt hatten, waren die Kleider auf dem Leib und unsere Zuversicht und Hoffnung auf eine bessere und aufregende Zukunft. Und obwohl wir weder Geld noch Wertsachen besaßen, waren wir voll von Glücksgefühlen und hatten Vertrauen in die neue Umgebung und in die Menschen.

Vom ersten Moment an wurden wir freundlich empfangen, mit allem Nötigen versorgt und mit allem Neuen bekannt gemacht. Nach bundesdeutschem Recht waren wir Deutsche und damit gleichzeitig Staatsbürger der BRD mit allen Rechten, die uns auch sofort zuteil wurden. Wir erhielten Ausweise und Pässe und konnten das Sozialsystem in Anspruch nehmen. Wir konnten Arbeitslosengeld beantragen und erhielten, je nach Qualifizierung, die entsprechende Höhe ausbezahlt. Des Weiteren erhielten wir eine Haftentschädigung, die nach der Länge des Gefängnisaufenthaltes berechnet wurde und bei mir 80 DM pro Monat betrug. So erhielt ich 480 DM für sechs Monate und etwas später eine Soforthilfe von 1000 DM, die nicht zurückgezahlt werden musste.

In den ersten Tagen besuchten wir die Kleiderkammer des Roten Kreuzes und suchten uns einige Kleidungsstücke aus. Dann wurden wir zu einem persönlichen Gespräch mit einem Vertreter der Bundesregierung eingeladen. Dort erklärte man uns den Ablauf unserer Freilassung und ich erfuhr, dass jeder von uns freigekauft wurde. Für diese, auch aus heutiger Sicht noch überragende humanitäre Leistung der Bundesregierung bin ich zutiefst dankbar und wünschte mir mehr dieser menschlichen Stärke – nicht nur für uns, sondern für alle Menschen auf dieser Welt.
Im Aufnahmelager traf ich nun nach sechs Monaten auch meinen Freund Jens wieder, der kurz nach mir in Gießen eintraf. Er hatte das letzte halbe Jahr in Cottbus verbracht. Für Jens stand fest, dass er nach Wertheim gehen würde. Dort wohnte sein Onkel und dessen Mutter, und er konnten mit ihrer Unterstützung rechnen.
Auch ich machte mir Gedanken, in welches Bundesland ich gehen sollte. Wo wollte ich Fuß fassen? Wo wollte ich leben? Aber auch mir reichte jemand die Hand, was für mich völlig überraschend und unerwartet kam. Eines Morgens stand mein Onkel Karl im Hof des Aufnahmelagers, um mich abzuholen. Ich kannte ihn nur aus frühester Kindheit, als er uns ein oder zweimal in der DDR besucht hatte. Westbesuch war immer aufregend gewesen. Es gab Westschokolade, vielleicht ein T-Shirt oder ein paar Jeans. Als Kinder hatten wir ein Paket bekommen, in dem kleine Cowboys und Indianer waren. Damit haben René und ich oft gespielt.
Ich war hocherfreut, denn die Hilfe meines Onkels ersparte mir den Gang in ein anderes Lager und bot mir Anschluss an ein „normales" Leben und zu einer verloren geglaubten Familie.

Wir fuhren mit dem Zug nach Baden-Württemberg in das kleine Dörfchen Unterheimbach, in dem Onkel Karl und Tante Ilse ein Häuschen besaßen. Beide wohnten schon seit Jahren in dieser Gegend und waren mittlerweile Rentner. Dort sollte also fürs Erste mein Zuhause sein. Tante Ilse kochte ausgezeichnet, und ich lernte die schwäbische Küche kennen und schätzen. Von Karl lernte ich einiges über die schwäbischen Gebräuche und auch das Autofahren, das er leidenschaftlich liebte. Ich hatte zwar den Führerschein, doch an der Fahrpraxis mangelte es mir. Wir trainierten auf einem Übungsplatz und innerhalb kürzester Zeit beherrschte ich das Fahrzeug.
Sofort nach meiner Ankunft ging Karl mit mir aufs Arbeitsamt, denn es war mir wichtig, sobald als möglich zu arbeiten und Westgeld zu verdienen. Ich wünschte mir eine Tätigkeit als Kraftfahrer. Das war damals mein Traumberuf. Ich stellte es mir herrlich vor, durch die Gegend zu fahren, frei zu sein und etwas von der Welt zu sehen. Der Berater vom Arbeitsamt wollte mich aufgrund meiner Ausbildung auf den Bau schicken, doch ich blieb hartnäckig und so bekam ich zwei oder drei Adressen, bei denen ich mein Glück versuchen konnte. Ich ging sofort los und fand eine kleine Spedition in Oehringen, die mir die Chance gab, einen 7,5-Tonner zu fahren. So hatte ich, drei Wochen nachdem ich das Gefängnis verlassen hatte, Arbeit im Westen. Mein Lohn betrug 3.000 DM brutto, was sich für den Anfang nach sehr viel Geld anhörte.
Ich wurde kurz eingewiesen und durfte dann alleine losfahren. Früh um sechs Uhr wurde geladen und dann ging es hinaus ins Schwabenland. Heilbronn, Stuttgart, Karlsruhe – und zurück. Ich lieferte aus, holte ab und fuhr durch die Gegend. So verlief mein Start im Westen ohne größere

Schwierigkeiten und alles sah recht vielversprechend aus. Bei Tante und Onkel ging es mir gut, doch nach etwa drei Monaten war es an der Zeit, auf eigenen Füßen zu stehen. Ich war jung und hatte den Drang, unabhängig zu sein. So begann ich mit der Wohnungssuche, die sich schwieriger gestaltete als vermutet. Bei allen Besichtigungen standen fünf bis zehn Bewerber vor mir und die Chance auf den Zuschlag war entsprechend gering. So hatte ich keinen Erfolg, bis mein Onkel zufälligerweise auf ein Angebot im Dorf stieß. Ein Zimmer von 16 qm mit Dusche/WC in einem Kellergeschoss und separatem Eingang sollte für 180 DM vermietet werden. Ich bot 200 DM und bekam den Zuschlag. Kurz zuvor hatte ich für 500 DM mein erstes Auto erstanden, einen Fiat Ritmo, der bereits 230.000 Kilometer auf dem Tacho hatte. Nun war ich nach drei Monaten im Westen etabliert – mehr oder weniger.

Es begann ein Trott aus Arbeit, ruhigen Abenden zuhause und langweiligen Wochenenden. Ich arbeitete etwa 12 Stunden täglich, aber da ich Festgehalt hatte, spiegelte sich mein Einsatz nicht in Geld wieder. Doch das spielte zu diesem Zeitpunkt nicht die entscheidende Rolle. Schlimmer war, dass ich mich als Fremder fühlte, was man auch an meiner Sprache hören konnte. Es war schwierig, Freunde zu finden, obwohl ich einige Male Discos und diverse Hardrock-Schuppen besuchte. Die tiefgründigen und vertrauten Beziehungen, wie ich sie im Osten oder auch im Gefängnis aufbauen und erleben durfte, kamen hier nicht zustande. Irgendwie schien jeder für sich zu kämpfen und alles machte einen emotionslosen, kühlen und berechnenden Eindruck. Die wichtigste Aufgabe bestand darin, Geld zu verdienen und sich Eigentum und andere bleibende Werte zu schaffen. Es dauerte nicht lange, da zog es auch

mich in den Bann und ich kaufte mir ein Haus. Die Idee dazu hatte mein Onkel, als gegenüber ein kleines Häuschen zum Verkauf stand. Es hatte nur ca. 50 qm Wohnfläche und kostete 39.000 DM. Für notwendige Renovierungsarbeiten rechnete ich mit 15.000 DM. Mein Onkel ging mit mir zur Bank und dort wurde im Handumdrehen ein Darlehen von 50.000 DM genehmigt.
Etwa vier Wochen lang wurde renoviert, und dann konnte ich als stolzer Hausbesitzer in mein kleines neues Heim einziehen. Meine monatliche Abzahlungs-Rate betrug ungefähr 540 DM – und das sollte für die nächsten 30 Jahre so bleiben! Aber das war mir zu diesem Zeitpunkt nicht so wichtig.
Doch was hatte sich nun verändert? Ich ging jeden Tag zur Arbeit, verbrachte die Abende vor dem Fernseher, ab und zu ging ich weg. Gut, ich hatte ein Haus und damit einen gewissen gesellschaftlichen Erfolg erzielt, doch irgendwie brachte mich das nicht weiter. Es wurde eigentlich nur noch härter, denn die Rate für das Haus war wesentlich höher als die Miete zuvor und ich musste zusätzlich einen Bausparvertrag abschließen. Auch kostete das Leben eine Menge Geld.
Zu dieser Zeit beobachtete ich gespannt, wie sich die politische Lage in der DDR zuspitzte. Immer mehr Leute gingen auf die Straße, formierten Schweigemärsche und demonstrierten Einheit. „Wir sind das Volk!" Jens und ich hatten in diesem Jahr unsere Familien nur ein Mal gesehen, und auch dieses eine Treffen war nur in der ehemaligen ÆSSR möglich gewesen. Dort traf ich auch meine Jugendliebe Anja, die Schwester von Jens, der ich bei dieser Gelegenheit wieder ein bisschen näher kam.
Dann geschah das Unglaubliche, das Unfassbare: die Grenze fiel und Deutschland war auf dem Weg, wieder eins zu

werden. Jens und ich beschlossen, unsere alte Heimat Oelsnitz zu besuchen, die wir vor mehr als einem Jahr verlassen hatten. Aufgeregt erreichten wir den ehemaligen Grenzübergang. Es gab lange Staus, und wir standen mittendrin. Auf mindestens zehn Kilometern ging es – im besten Falle – nur im Schritttempo vorwärts. Glücklicherweise liegt Oelsnitz nur etwa zwanzig Kilometer von der ehemaligen Grenze entfernt, denn es war nicht einfach, derartige Automassen über das Straßennetz der DDR zu leiten.

Als wir unsere Freunde wieder trafen, gab es ein großes Hallo. Wir verbrachten eine schöne Zeit zusammen, feierten Partys und genossen reichlich Alkohol, fast wie früher. Doch dann musste ich zurück, denn im Schwabenland stand mein Haus und dort wartete auch mein Job auf mich. Eine Rückkehr in den Osten stand nicht wirklich auf meinem Wunschzettel. So kam es, dass sich die ganze Geschichte eher in meine Richtung entwickelte. Schritt für Schritt nutzten einige meiner Freunde unseren Kontakt und zogen zu mir ins Haus, um sich einen neuen Job zu suchen und ihr Glück im Westen zu versuchen. Ich war froh, endlich Gesellschaft zu haben, noch dazu von meinen Freunden. Teilweise wohnten wir zu fünft in dem kleinen Haus und hatten viel Spaß. Auch Anja zog zu mir. Doch schon nach zwei Monaten war unsere Beziehung beendet, und sie ging nach Wertheim zu Jens.

Die Kosten für das Haus und auch die Haushaltskasse wurden von allen gemeinsam bestritten, und doch kam ich mit meinem Geld nicht zurecht. Auch dass ich jetzt häufiger ausging, da es mit Freunden nun einmal viel mehr Spaß machte, trug nicht gerade zur Verbesserung meiner finanziellen Situation bei. Mein Konto bewegte sich ständig im tiefroten Bereich und ich lebte von Monat zu Monat. Auch mein Auto hatte ich zweimal gewechselt. Nur eine Woche schlug ich mich mit dem unmäßigen Benzindurst eines Ford Granada herum, dann kaufte ich einen Golf GTI, rot und schnell. Auch das kostete ordentlich, und bald drehte sich alles nur noch um Rechnungen, Geld und Konto.

Doch die Rettung nahte, und zwar in Form eines knallroten BMW 535i, der eines Tages direkt vor meinem Haus stand, als ich von der Arbeit kam. Nagelneu, voll ausgestattet, tief und breit stand er da – eine Anschaffung, von der ich nicht einmal zu träumen wagte. In meinem Wohnzimmer saß ein gut gekleideter Mann von etwa dreißig Jahren mit bayrischem Dialekt. Er war mit Jens gekommen und führte ein freundliches Gespräch mit einem meiner Freunde.

Und obwohl der Besuch nicht mir galt, nahm ich an der Unterhaltung teil. Es war angenehm, sich mit jenem Herrn Frischmann zu unterhalten. Er war aufgeschlossen und zeigte kein Zeichen von Arroganz oder sonstigen Eitelkeiten. Nach etwa einer Stunde sprach er den eigentlichen Punkt seines Kommens an. Er erklärte uns die momentane Rentensituation und die finanziellen Umstände in Deutschland. Die Menschen benötigten eine private Vorsorge für später, und darin bestand seine Aufgabe. Des weiteren sähe er darin eine gute Geschäftsmöglichkeit, mit der sich viel Geld verdienen ließe. Ich schaute ihm zu, wie er zeichnete und erzählte, Diagramme malte, mit Zahlen und Kreisen spielte. Alles war recht einleuchtend und begann, mich zu begeistern. Dann fing er an, alles zu multiplizieren und hochzurechnen, was sehr einfach schien. Mit diesem Geschäft sollte es mir ohne weiteres möglich sein, ein paar tausend Mark dazuzuverdienen, die ich dringend brauchen konnte. Es war die Chance, und ich sagte anstelle meines Freundes, der sich nicht dafür erwärmen konnte, zu. Sogleich meldete ich mich zu einer Schulung in München an, und je mehr ich darüber nachdachte und meinen wiederkehrenden Tagesablauf unter die Lupe nahm, desto begeisterter und ungeduldiger wurde ich. Ich konnte es kaum erwarten, nach München zu fahren und mehr über dieses Geschäft in Erfahrung zu bringen. Eigentlich stand zu diesem Zeitpunkt mein Entschluss, dass ich es auf jeden Fall probieren würde, schon fest.

Drei Wochen später fuhr ich endlich nach München. Dort wurden mir, das erste Mal, seit ich im Westen war, die Augen geöffnet. Ich erfuhr, wie das Rentensystem funktioniert und was daran nicht stimmt. Es wurde philosophiert und diskutiert. Absolut unglaublich schienen mir auch die Verdienstmöglichkeiten. Wenn auch ich nur die Hälfte der prognostizierten Zahlen erzielen würde, wäre es schon gigantisch. Auch die Zukunftsaussichten waren viel versprechend. Die Referenten der einzelnen Stunden, die größtenteils jung, sympathisch und erfolgreich waren, beeindruckten mich ungemein.

Ich war auf der Suche und hier schien ich richtig zu sein. So startete ich mit Vollgas durch und – hatte Erfolg! Schon im ersten Monat verdiente ich 5.500 DM nebenbei. Ich musste nicht lange überlegen, kündigte meinen Job und machte mich das erste Mal in meinem Leben selbstständig. Als der Osten für unsere Tätigkeit erschlossen wurde, entschied ich mich, zurückzugehen und das Geschäft dort aufzubauen. Zurück in vertraute Gegenden, und doch in ein neues Land, zurück zu alten Ufern und doch eine veränderte Welt. Neues Leben, alte Gesichter. Ich war erwacht und die Zukunft war mein.

So machte ich mich auf den Weg. Von meinem ersten Geld erstand ich einen neuen Fiat Uno und brach in den Osten auf, um meine Chance zu nutzen. Geld wollte ich verdienen, viel Geld. Schon nach drei Monaten war ich gut etabliert im Geschäft und so erfolgreich, dass ich meine ersten Mitarbeiter einstellen konnte. Ich verdiente gutes Geld und fühlte mich frei. Es machte Sinn für mich, die Chance zu nutzen und ich glaubte fest daran reich, ja sogar Millionär werden zu können. Mit Anzug und Krawatte fühlte ich mich groß. Ich gehörte zur Elite und wollte ein erfolgreicher Geschäftsmann sein. Die Arbeit machte mir Spaß, und dennoch hatte ich viel Zeit für mich selbst, gesellschaftliche Anerkennung und Geld. Was will man mehr mit zwanzig Jahren? Dazu kam, dass das Leben im Osten sehr angenehm war, denn es bot ein absolutes Gefühl von Freiheit, das allerdings nur ein bis zwei Jahre anhielt. Durch den Umbruch war eine Art Vakuum entstanden, in dem keiner wusste, was richtig oder falsch war. Bei den Behörden, auch bei der Polizei, gab es ein Chaos, was die Freiheit stark begünstigte. Es war eine wunderbare Zeit. Zusammen mit meinem Bruder René, Jens und Jürgen zog ich in meine alte Wohnung ein. Fast spielend verdienten wir fünf-, sechs-, sieben- oder achttausend Mark im Monat. Wert waren wir das Geld zwar nicht, aber wir bekamen es. Was sollten wir uns also darüber Gedanken machen! Wir arbeiteten etwas am Nachmittag, feierten die ganze Nacht bis in den Morgen, natürlich mit reichlich Alkohol, und dann schliefen wir bis Mittag. Danach begann das Ganze von vorn. Nach zwei Jahren Abstinenz gelang es mir nun auch endlich wieder, leicht weibliche Bekanntschaften zu machen. Endlich hatte ich wieder Spaß, Liebe, Zuneigung und Sex.

Es war eine Zeit, in der ich viele Lektionen fürs Leben lernte. Beinahe jeden Monat verbrachte ich zwei oder drei Tage in Hotels, um neue Mitarbeiter auszubilden. Ich kam in den Genuss mehrerer Seminare, z. B. für Selbstständigkeit, Rhetorik und Mitarbeiterführung. Es galt, Besprechungen zu besuchen und eigene Schulungen zu halten, sogar beim Grundseminar durfte ich vortragen. Es war eine schöne und aufregende Zeit. Das ganze Leben hatte sich gewandelt. Ich war wie in Trance unterwegs und vergaß alles um mich herum.

Vielleicht war ich eingebildet und großspurig, doch ich war jung, und die Welt lag mir zu Füßen. Zu dieser Zeit war mir noch nicht klar, dass ich in naher Zukunft eine Bekanntschaft machen würde, die mich und mein Leben maßgeblich beeinflussen würde.

Wenn wir Glück haben,
sind wir frei genug, unsere Ängste beiseite zu lassen
und darauf zu vertrauen, das die Liebe alles ist, was es gibt.

DIE LIEBE MEINES LEBENS

Ich dachte damals, ich sei professionell, doch in Wahrheit war ich weit davon entfernt. Das Einzige, was ich wirklich gut konnte, war, das Leben in vollen Zügen zu genießen. Doch – warum eigentlich nicht?
In Spitzenzeiten brachte ich es auf etwa zehn bis fünfzehn aktive Mitarbeiter, die – und das sollte sich später als Nachteil erweisen – alle im Umkreis von dreißig Kilometern arbeiteten. Doch nach der Wende waren die Menschen hungrig nach allem, und das Geschäft lief gut.
Als ich an einem Frühsommertag mit dem Auto die obligatorische Stadtrunde drehte, standen mitten auf einer wenig befahrenen Nebenstraße zwei junge Frauen, die sich angeregt unterhielten. Es waren Mona, eine Kollegin von mir und Kathrin, mit der ich früher schon kurz zusammen gewesen war. Ich hatte sie einige Jahre nicht gesehen und sie beeindruckte mich erneut, doch ich glaubte sie verheiratet. Wir unterhielten uns eine ganze Weile und flachsten herum. Kathrin machte einen eher verlegenen Eindruck. Dieser Hauch von Unschuld ließ mein Herz hörbar klopfen. Obwohl wir uns schon kannten, war es wie beim ersten Mal. Es hat sofort gefunkt. Etwa sechs Jahre vorher hatte sie mich auf einem Gartenfest, bei dem ich zuviel getrunken hatte und bewegungslos in der Wiese lag, getröstet und versorgt. Das war damals eine Ausnahmesituation für mich, denn obwohl ich in meiner Jugend-

zeit viel getrunken habe, konnte ich doch meistens noch nach Hause laufen.
Als wir uns jetzt wieder sahen, war alles anders. Wir waren älter und Kathrin war, wie sich herausstellte, tatsächlich verheiratet und hatte sogar ein Kind. Tony war zu diesem Zeitpunkt ein Jahr alt. Sie war die schönste Frau, die ich seit langem gesehen hatte, strahlte eine gewisse Unschuld aus und hatte diese Liebe in den Augen, die mich nie mehr loslassen sollte. Wir lächelten uns an, und ein Gefühl, das ich bis dahin nicht kannte, überflutete mich. Alles ändert sich, wenn man sich verliebt. Die ganze Welt erscheint im Licht, das Glück ist unfassbar groß und das Leben erstrahlt zu aufregender Schönheit.
Doch diese Frau, in die ich mich Hals über Kopf verliebt hatte, war eine Ehefrau und Mutter. Also musste ich Abstand halten, zumindest vorerst. Kathrin arbeitete in der Sparkasse, an der ich kurz darauf, und rein zufällig, vorbeifuhr. Es war später Nachmittag und ich hatte Glück. Sie lief mit einigen Taschen auf dem Arm den Gehsteig entlang. Ich stoppte und bot ihr an, sie nach Hause zu fahren. Kathrin nahm mein Angebot an und stieg ein. Als sie im Auto saß, fragte ich sie nach ihrer Adresse und zu meiner Überraschung zeigte sie auf ein Haus direkt vor uns, keine hundert Meter entfernt. Wir mussten beide lachen, denn es war so komisch und überdies offensichtlich, dass sich irgendetwas zwischen uns anbahnte, während wir zusammen im Auto saßen. Auf der kurzen Fahrt lachten und erzählten wir und ich fragte sie, ob wir uns bei der nächsten Discoveranstaltung, die noch immer zweimal pro Woche im Jugendclub stattfand, sehen würden. Die Disco war immer gut besucht und ich war dort Stammgast, denn allzu groß war die Auswahl in der Umgebung nicht.

Bei der nächsten Veranstaltung, es war ein Freitag, ging ich gleich nach meinem Eintreffen durch den Saal. Ich wollte wissen, wer alles da war. Hauptsächlich aber wartete ich auf sie. Und tatsächlich, da stand sie! Allein! Mein Herz machte einen Sprung. Wir flirteten den ganzen Abend, erzählten und scherzten, es wurde nie langweilig. Als der Saal fast leer war, gingen wir an die Bar. Ich kaufte eine Flasche Sekt, obwohl er mir eigentlich nicht schmeckt. Aber ich wollte sie beeindrucken. Wir entschieden, zu ihr zu gehen. Kurze Zeit später saßen wir bei ihr zuhause auf der Couch und machten es uns bequem. Ich hielt es für notwendig, ihr meine Tätigkeit zu erklären, bevor wir uns näher kamen. Sie fand es in Ordnung und ich war froh darüber. Später schliefen wir zusammen ein. Um fünf Uhr musste ich schon wieder los, denn ich besuchte ein Wochenendseminar.
Kurz nachdem ich gegangen war, kam ihr Mann nach Hause und es war vielleicht auch besser, dass ich nicht mehr auf der Couch lag. Aus heutiger Sicht weiß ich, dass es sich nicht gehört, eine verheiratete Frau zu begehren, aber letzten Endes gehören doch immer zwei dazu, und ich hatte das Gefühl, dass auch sie mich begehrt.
Kurze Zeit später lernte ich dann ihren Mann kennen. Überraschenderweise brachte er viel Verständnis für die Situation auf. Mir kam es beinahe vor, als ob er schon seit längerer Zeit damit gerechnet hätte und es entwickelte sich ein gutes Verhältnis. Was sollte er auch tun? Seine Beziehung war gescheitert und unnötige Eifersucht hätte nichts daran geändert. Auch für Tony, obwohl er erst ein Jahr alt war, war es wesentlich besser, denn so hatte er regelmäßig Kontakt zu seinem Vater, der uns häufig besuchte. Heute weiß ich, dass ihr Mann große Stärke mit seinem Verhal-

ten bewies, denn er hat seine Frau geliebt und sie freigegeben, um sie glücklich zu sehen. Bemerkenswert.
Kathrin und ich zogen drei Monate später in unsere neu angemietete Wohnung ein. Ihre Ehe wurde geschieden. Unsere Beziehung war harmonisch, intensiv und nie langweilig. Ich war immer noch der alte Herumtreiber, und Kathrin brachte viel Geduld für mich auf. Obwohl ich unsterblich in sie verliebt war, wollte ich meine Freiheit nicht aufgeben, und der Sprung in ein sogenanntes „normales" Familienleben fiel mir schwer. Durch meinen Job und den Lebensstil wurde unsere Beziehung stark strapaziert. Dazu kamen gelegentliche Frauengeschichten. Ich hatte in den folgenden zwei bis drei Jahren einige One-Night-Stands. Mein schlechtes Gewissen trieb mich danach jedes Mal zu Kathrin, um ihr meine Ausritte zu gestehen. Ich versicherte ihr meine Liebe, denn ich liebte sie wirklich.
Manche werden vielleicht die Nase rümpfen und denken, dass dies wohl alle Männer sagen, doch ich habe über mein Verhalten nachgedacht und mich selbst gefragt, warum ich mich so verhalten habe. Mit zwanzig Jahren hatte ich noch viel zu lernen, denn bis dahin genoss ich ein absolut freies Leben, in dem ich nur für mich selbst verantwortlich war. Ich fand es normal, die Frauen zu wechseln und hatte dabei keinerlei Kopfschmerzen. Nun war das anders. Ich hatte jemanden, den ich liebte und nicht verlieren wollte. Aber ich verstand nicht, dass dies mit meinem Lebensstil nicht vereinbar war, begriff die Notwendigkeit einer Veränderung nicht. Ich hatte keine Ahnung, wo meine Grenzen lagen. Heute weiß ich, dass ich Kathrin damit sehr wehgetan und unsere Beziehung unnötig belastet habe. Viele meiner Freunde sagten, es sei nicht richtig gewesen zu beichten. Diese Ansicht teile ich nicht. Verste-

cken, Zurückhalten und Lügen tragen sicherlich nicht zur Vertrauensbildung bei. Niemand macht immer alles richtig, und Vertrauen zu haben bedeutet, die Wahrheit zu sagen. Auch aus heutiger Sicht finde ich es richtig, die Wahrheit gesagt zu haben. Auch wenn das Ergebnis von Wahrheit oft Misstrauen ist. Sich abends zu seiner Liebe ins Bett zu legen, mit dem Wissen, gestern noch das Bett mit jemand anderen geteilt zu haben, dazu vielleicht mit einigen Liebes- oder Treueschwüren. So könnte ich nicht leben. Die Wahrheit tut manchmal weh, aber der Gefühlskonflikt und all die Schmerzen die ich erfahren habe, haben mich schließlich reifen lassen. Ich ging auf in dieser Beziehung und konnte meine Lehren ziehen und Erfahrungen machen. Es war mir auf diesem Weg möglich, ein besserer Mensch zu werden und zu mir zu finden.

1993 nahm mein geschäftlicher Erfolg rapide ab. Mein Einkommen schrumpfte auf sehr kleine monatliche Summen und teilweise, bedingt durch Kündigungen bekam ich sogar Minusabrechnungen. Ich reagierte kaum auf die veränderte Situation, hatte keine Kraft und Motivation mehr, neu durchzustarten und schaute mehr oder weniger tatenlos dem geschäftlichen Verfall zu. Der Verkauf meines Hauses im Schwabenland hielt mich noch etwas über Wasser, aber irgendwann war auch dieses Geld aufgebraucht. Kathrin hielt wie immer zu mir und unterstützte mich auch finanziell.

Zu allem Überfluss hatte ich innerhalb von acht Wochen zwei Autounfälle, bei denen ich zwei BMW 325 zu Totalschaden fuhr. Glücklicherweise wurde ich nicht verletzt, doch meine Beifahrerin, eine gute Freundin, kam bei dem zweiten Unfall zu Schaden. Sie erlitt mehrere Schnittwunden im Gesicht an den Händen.

Der Schreck saß mir in den Knochen, aber schon nach einigen Wochen gelang es mir mit Hilfe meines recht aufgeschlossenen Bankers, einen BMW auf Kredit zu kaufen. So war ich wenigstens wieder mobil, und auch geschäftlich entwickelte ich neue Ideen.

Meine Aktivitäten konzentrierten sich auf ein, wie ich hoffte, sehr lukratives Immobiliengeschäft. Es handelte sich um ein größeres Gebäude, das ich erwerben wollte, um darin ein Fitnesscenter zu betreiben. Auch mehrere Ladenlokale sollten Platz finden und vermietet werden. Nach vielversprechenden Verhandlungen mit der Bank unterschrieb ich schließlich den Kaufvertrag und tätigte erste Investitionen.

Das wurde mir zum Verhängnis, als sich meine Bank wider Erwarten zurückzog. So saß ich auf einem Berg von etwa 30.000 DM Schulden und mein Einkommen war gleich Null. Die laufenden Kosten überstiegen meine Einnahmen, und zu guter Letzt wurde dadurch auch unsere Beziehung auf eine harte Bewährungsprobe gestellt. Kathrin war sehr enttäuscht über den Verlauf der Dinge und hatte durch mein Fremdgehen das Vertrauen in mich verloren. Dazu kamen noch Alkohol und meine krampfhafte Suche nach was auch immer.

Schließlich gab ich meine Selbstständigkeit auf und versuchte, die finanzielle Situation durch die Aufnahme eines Jobs als Kraftfahrer wieder in den Griff zu bekommen. Als sich uns die Möglichkeit bot, eine neue Wohnung anzumieten, die von der Immobilienabteilung der Sparkasse vermittelt wurde, konnten wir dank Kathrins Einkommen umziehen. Meine Mutter nahm schließlich einen Kredit für mich auf und ich konnte die Abgabe der eidesstattlichen Versicherung vermeiden.

Als Kraftfahrer, diesmal im deutschen Fernverkehr, war ich tagelang unterwegs und musste Kathrin häufig allein lassen. Es war in dieser Phase sicher keine gute Entscheidung, aber wir brauchten das Geld. Die Arbeit gefiel mir nicht besonders, und schon bald fühlte ich mich ausgebeutet und unterbezahlt.

In dieser Zeit erzählte mir Kathrin, dass sie für einige Tage zu ihrer Freundin Mona fahren wollte. Ich hatte ein ungutes Gefühl und irgendwie glaubte ich ihr nicht. Immer wieder hakte ich nach, bis sie mir das eigentliche Ziel ihrer Reise offenbarte. Sie wollte in die Schweiz, um sich dort mit einem Anderen ein paar schöne Tage zu machen. Es traf mich wie ein Schlag und ich begriff, dass ich drauf und dran war, meine geliebte Kathrin zu verlieren. Ich bat sie, nicht zu fahren, da ich sonst meine Konsequenzen zöge und ausziehen würde. Mir war klar, dass es sich hierbei nicht um eine kurze Affäre handelte, sondern der Versuch war, eine neue Beziehung zu beginnen. Darin würde es für mich keinen Platz mehr geben. Doch alles Reden und Kämpfen nutzte nichts, sie blieb stur. Ich musste schließlich wieder auf Tour und schrieb ihr einen Tag vor der geplanten Abreise ein Telegramm von unterwegs: „Bitte fahr nicht! Ich liebe dich!“ Sie fuhr trotzdem.

Noch am selben Wochenende zog ich aus und kündigte kurz darauf meinen Job. Ich zog in ein Zimmer über einer Kneipe, in der ich häufiger Gast war. Die Wirtsleute unterstützten mich, da ich – auch finanziell – nicht gerade obenauf war.

Da saß ich nun. Keine Frau. Keine Arbeit. Kein Geld. Mein Leben musste eine neue Grundlage finden, doch ich hatte keine Ahnung, wo ich ansetzen sollte und betrank mich regelmäßig. Ich suchte nach Auswegen, die, wie so oft im Leben, irgendwann auftauchen, meist, wenn man nicht damit rechnet.

„Das Leben ist wie eine Pralinenschachtel, du weißt nie was du bekommst."
(Forrest Gump)

AUF DER SUCHE

Mein neues Zuhause war alles andere als modern. Es erinnerte mich an frühere Zeiten im Osten, mit Trockenklos und Kohleofen. Ich hatte nur selten Lust, den großen Kachelofen anzuheizen, und wenn nicht ab und zu mein Opa nach mir gesehen und Feuer gemacht hätte, wäre der Ofen wohl nie zum Einsatz gekommen. Ich ging lieber runter in die Kneipe. Dort war ich wenigstens nicht allein. Auch wenn das Geld knapp war, aß und trank ich dort. Häufig musste ich anschreiben lassen.

Die ersten drei Monate wusste ich überhaupt nichts mit mir anzufangen. Kurz nach der Trennung war ich so am Boden zerstört, dass ich einmal sogar zum Sozialamt ging, um mir 100 DM zu erbetteln, die sie mir zu meinem größten Erstaunen auch gaben. Dann versuchte ich, Geld zu verdienen und begann wieder in dem Baubetrieb, in dem ich meine Lehre absolviert hatte. Mit dem Betriebsbus fuhr ich jeden morgen Siebzig Kilometer, um in der Nähe von Chemnitz bei minus zehn Grad Celsius Eisenmatten für ein Fundament zu flechten. Da ich Kälte hasste und mir der Job nicht sonderlich viel Freude bereitete, kündigte ich wieder.

Es war unglaublich, was sich innerhalb eines Jahres alles verändert hatte. Auto hatte ich schon lange keines mehr, statt dessen schlug ich mich mit Gelegenheitsjobs durch, arbeitete in einer Spielothek oder half unten in der Kneipe aus.

Doch meine Gedanken gaben keine Ruhe, und auch meine Gefühle wollten verarbeitet werden. So kam mir die Idee, eine Musikband zu gründen. Da ich selbst kein Instrument spielte, kam für mich nur der Part des Sängers in Frage. Ich fuhr ins benachbarte Plauen und suchte ein abrissreifes Haus auf, in dem – wie ich wusste – mehrere Bands probten. Meine Idee war, deutsche Musik zu machen. Aber es sollte auf jeden Fall rockig sein, wie bei Westernhagen, Grönemeyer oder den Boehsen Onkelz. Diese Art Musik schien mir am meisten Spaß zu machen, und so sprach ich verschiedene Leute darauf an. Tatsächlich fand ich gleich einen Gitarristen, der sich für diese Idee begeisterte und für mich einen echten Glückgriff darstellte. Schneider war ein etwas zynischer Zeitgenosse, aber im positivem Sinne, und so verstanden wir uns ganz gut. Der Rest der Band fand sich nach und nach zusammen: Lars am Bass und Onkel Dittmeyer am Schlagzeug. Ich versuchte mich mit Gesang und schrieb die Texte, die mir oft nachts auf dem Heimweg von unserer Kellerbar einfielen. Nach mehreren Captain Morgan mit Cola dichtete und sang ich vor mich hin, was das Zeug hielt. Noch vor dem Einschlafen schrieb ich alles auf und war morgens erstaunt über so manche Zeile.
Unser Kneipenwirt stellte uns ein altes Kellergemäuer als Proberaum zur Verfügung, aus dem wir allerdings erst die Kohlen räumen mussten. Es war ein typisches altes Gewölbe und die Decke war so niedrig, dass es nötig war, den Boden dreißig Zentimeter auszuschachten, um darin stehen zu können. Dann wurde die Tür mit einer alten Matratze gedämmt und schon konnte es los gehen. Fast zu jeder Probe trank ich ein paar Bier, manchmal auch eine Flasche Wermut. Überhaupt trank ich viel zu viel in dieser

Zeit. Mein Lebensstandard hatte sich mittlerweile auf ein Minimum reduziert, so dass ich mit der Arbeitslosenhilfe ganz gut auskam. Nicht zuletzt halfen mir auch meine Großeltern immer wieder mit ein paar Mark aus.
Unsere Band brachte es insgesamt auf drei Auftritte. Das erste Mal spielten wir in meiner Stammkneipe vor etwa 100 Gästen. Vor lauter Aufregung habe ich mir zwei Flaschen Wermut verabreicht, sozusagen als Beruhigungsmittel. Es wurde ein wunderbarer Abend und alle Zuschauer – zum größten Teil Freunde – waren begeistert. Ein echter Erfolg.
Bei unserem zweiten Auftritt in einer kleinen dunklen Höhle waren nur etwa zehn Gäste anwesend, die wir nicht kannten. Es war dennoch ein lustiger Abend.
Unser dritter Auftritt schließlich war unser größter. An diesem Abend traten neun Bands auf. Schneider beschloss, dass wir als erste spielen sollten, da wir noch unbekannt waren. Mein Freund Josh, der rein optisch der Kategorie Skinhead angehörte, doch geistig in einer ganz anderen Liga spielte, begleitete uns und half beim Aufbau. Er kannte sich mit dem Equipment aus, denn er war häufig bei unseren Proben dabei. Dieses Mal trank ich keinen Tropfen, doch ich war so aufgeregt, dass ich an einer Stelle meinen Text vergaß. Zum Glück bemerkte es niemand und ansonsten lief alles glatt. Trotzdem mussten wir das Konzert vorzeitig verlassen, weil einigen linken Extremisten Joshs Optik nicht gefiel und es beinahe eine Schlägerei gegeben hätte. So weit wollten wir es nicht kommen lassen, verschwanden und beendeten den Abend bestens gestimmt in unserer Oelsnitzer Kneipe.
Leider war damit unsere Karriere beendet, denn genauso schnell wie sich unsere Band gegründet hatte, fiel sie wieder

auseinander. Es war dennoch eine schöne Zeit und eine wundervolle Erfahrung.
Es blieb nicht aus, dass ich immer wieder auf Kathrin traf, doch wir kamen nicht mehr miteinander zurecht. Gespräche kamen fast nicht zustande und so kamen wir uns keinen Schritt näher. Manchmal sah ich sie auch mit ihrem neuen Freund in der Kellerbar, dann hielt ich mich besonders zurück, obwohl ich Sehnsucht nach ihr hatte. Immer wieder musste ich an sie denken. Ihre Liebe und Wärme fehlten mir. Und obwohl ich mehrmals versuchte, eine neue Beziehung zu beginnen, wurden im besten Fall nur ein paar Wochen daraus, denn es war mir nicht möglich, eine andere Frau zu lieben. So gab ich dieses Vorhaben auf und beschloss, in meinem Leben etwas Grundsätzliches zu verändern. Ich wollte ins Ausland, Geld verdienen und Abenteuer erleben. Dabei schwebte mir eine Bohrinsel oder etwas Ähnliches vor. So forstete ich die Zeitungen durch und stieß auf ein Inserat, in dem Verkäufer gesucht wurden, und zwar auf Gran Canaria. Ich rief kurz entschlossen an, nahm einen Termin wahr und sagte sofort zu. Verkaufen konnte ich, da war ich mir sicher, und Geld brauchte ich auch. Im Januar sollte es losgehen und ich begann, Geld für Flugticket und Unterkunft zu sammeln. Und ausgerechnet in dieser Zeit passierte das Unfassbare und doch sehnlich Erwünschte, Kathrin und ich kamen uns wieder näher und in der Weihnachtszeit trafen wir uns in der Kellerbar. Nach einem lustigen gemeinsamen Abend gingen wir zu mir. Das Eis war gebrochen. Die Liebe hatte gesiegt. Nun galt es eine Entscheidung zu treffen, wie es weitergehen sollte. Kurz vor meiner Abreise nach Gran Canaria zog ich wieder in unsere Wohnung ein. Doch ich brauchte Geld und einen Job und so musste ich schweren

Herzens abfliegen, hoffte jedoch auf lukrative Einnahmen und wollte bald wieder den Weg zurück antreten.
Auf der Ferieninsel angekommen, zog ich in ein Appartement mit Meerblick, Balkon und einem Gemeinschaftspool und verbrachte die ersten beiden Wochen hauptsächlich mit Schulungen. Ich sollte Timesharing-Anteile einer netten kleinen Anlage mit etwa 20–25 Einheiten verkaufen, was ich dann auch tat. Alles war vorzüglich organisiert, und innerhalb von vier Wochen hatte ich vier Abschlüsse getätigt. Dann gab es kein Halten mehr. In Deutschland wartete schließlich meine große Liebe auf mich, und so flog ich in der fünften Woche nach Hause.
Endlich wieder in Oelsnitz, galt es als erstes, mir eine Arbeit zu suchen. Ich hatte Glück, traf einen alten Bekannten aus meiner Lehrzeit und wir gründeten zusammen eine Werbeagentur und starteten den Aufbau des Unternehmens. Ich gab meinen Namen und er das Know-how. Wir verkauften alles, von Firmenlogos über Design von Werbeträgern bis hin zu Druckerzeugnissen und Werbetechniken wie Schilder, Planen und Fahrzeugbeschriftungen. Für mich war alles neu und ich musste wieder lernen, wobei ich jedoch keine großen Schwierigkeiten hatte. Wir begannen in einem kleinen Büro, das auf dem ehemaligen Gelände eines VEB in der Nachbarstadt Plauen lag, doch die Auftragslage entwickelte sich so schnell und so gut, dass wir schon nach wenigen Monaten ein größeres Büro in Oelsnitz anmieten mussten und einen Verkäufer einstellten. Seit langem hatte ich wieder Spaß am Arbeiten und konnte ein regelmäßiges Einkommen erzielen. Wir besaßen einen Firmenwagen und besuchten zahlreiche Firmen zu Gesprächen. Ich lernte viele Unternehmer kennen und alles entwickelte sich prächtig. Seit dem Zusammen-

bruch meiner ersten Selbstständigkeit war dies endlich wieder ein ernstzunehmendes Geschäft.

Auch privat lief es hervorragend. Ich liebte Kathrin und war überzeugt, dass sie die Frau fürs Leben sei und so kam es, dass wir meiner Einberufung zum Wehrdienst unsere Heirat entgegensetzten. Am 18. Januar 1995 schlossen wir den Bund fürs Leben. Nach einer schlichten Feier im engsten Kreis verbrachten wir einige Flittertage in Wien.

Alles war perfekt. Wir hatten eine herrliche Zeit, die von Liebe, Harmonie und Zärtlichkeit geprägt war und es gab keinerlei finanzielle Probleme. Jetzt fehlte uns nur noch ein gemeinsames Kind. Nach unserem Ungarn-Urlaub im Sommer 1995 war es schließlich soweit, Kathrin war schwanger. Aufgeregt und stolz betrachteten wir beim Frauenarzt unser Kind. Als wir erfuhren, dass es ein Junge werden würde, wählten wir den Namen Monty für ihn aus. Kathrin wurde mit jedem Monat schöner und hatte keinerlei Probleme mit ihrer Schwangerschaft.

Zu dieser Zeit gründete ich zusammen mit dem Sohn eines Druckereibesitzers eine kleine Druckerei, in der ausschließlich Endlosformulare gedruckt werden sollten. Diese Idee war mir gekommen, da wir zur nächsten derartigen Druckerei mindestens 70 km fahren mussten. Wir schlossen uns zusammen und besorgten uns zwei Maschinen für 200.000 DM, die wir aus dem Leasingvertrag eines Konkursunternehmens übernahmen. Das Geschäft begann eher schleppend, doch zum Glück hielten sich unsere Kosten in Grenzen.

Der Geburtstermin für Monty, der 23. März 1996, rückte näher und pünktlich um acht Uhr setzten die Wehen ein. Im Krankenhaus angekommen, liefen wir einige Zeit den Gang auf und ab, bis die Abstände immer kürzer wurden. Dann ging es in den Kreißsaal. Ich wich nicht von Kathrins Seite und half ihr, so gut ich konnte. Als Monty endlich auf die Welt kam, durfte ich die Nabelschnur durchtrennen und gab ihm somit die Eigenständigkeit!

Ich weinte vor Glück, als ich den kleinen Wurm hielt und begriff, dass ich damit ein seliges Leben in meinen Händen trug. Es war ein Gefühl des Glücks, der Erlösung und des Einsseins, ein Stück von Kathrin und ein Stück von mir, vereint in einem neuen Menschen. Unser Sohn.
Es war ein seliger, für immer verbindender Moment. Was ich spürte, war reine Liebe.
Kathrin war erschöpft, und ich verließ gegen 14.30 Uhr das Krankenhaus. Mit meinem Freund Holger feierte und tanzte ich die ganze Nacht.
Kurz nach der Geburt Montys traten Unstimmigkeiten in der Werbeagentur auf und das Verhältnis zu meinem stillen Teilhaber wurde nachhaltig gestört. Als ich eines Morgens aufschloss, fand ich nur noch leere Räume vor. Mein Anwalt erwirkte eine einstweilige Verfügung, die jedoch wieder aufgehoben wurde. Es gab ein ziemliches Durcheinander wegen der Firmierung und so kam es nach einigen Wochen zu einer Gerichtsverhandlung, bei der ich die Hälfte des Inventars zugesprochen bekam. Es wurde mit Zahlen, Verkehrswert usw. hin und her jongliert und am Ende blieb ich mit dem Plotter zurück. Diese Schlacht war für mich verloren, doch ans Aufgeben dachte ich nicht. Ich kaufte mir einen neuen Computer und kam langsam wieder ins Geschäft. Zusammen mit den Einnahmen aus der Druckerei kamen wir gut über die Runden. Ich mietete zusammen mit meinem Freund Holger ein neues Büro an, das direkt um die Ecke unserer Wohnung lag. Unsere finanzielle Basis war abgesichert, obwohl Kathrin Erziehungsurlaub hatte, aber es war keinerlei Steigerung mehr in Sicht, womit ich absolut nicht zufrieden war. Insgeheim machte ich mich auf die Suche nach etwas Neuem. Ich wollte mehr.

Weil wir sie nicht mit kritischem Geist untersucht haben, nehmen wir die Dinge so hin, wie sie uns erscheinen.

DIE JAHRE DES ERFOLGS

Eine oberflächliche Ruhe breitete sich aus. Ich arbeitete das erste Mal seit Jahren wieder allein und musste niemandem Rechenschaft ablegen. So konnte ich meine Ideen verwirklichen und Gewinne direkt in Empfang nehmen. Innerlich war jedoch ein Stillstand eingetreten, der mir eine totale Befriedigung versagte, denn mein Einkommen nach den Steuern war nur das eines mittleren Arbeitnehmers, was mich keineswegs zufrieden stellte. Ich wollte mehr, wollte Karriere machen, die Leiter empor klettern. Als mir ein Bekannter, der mittlerweile Marktgeschäfte betrieb, von einer beinahe unglaublichen Verdienstmöglichkeit erzählte, wurde ich hellhörig. Er hatte mit einem Mann das Zimmer geteilt, der am gleichen Tag und auf dem gleichen Markt ein Vielfaches von ihm verdient hatte. Ich kannte meinen Freund, er war ein Tiefstapler. An dieser Geschichte musste also etwas dran sein. Ich ließ mir den Namen und die Adresse geben und setzte mich mit dem Händler in Verbindung. Kurze Zeit später trafen wir uns in der Nähe von Stuttgart auf einem Markt. Vor Ort überzeugte ich mich von seinem Erfolg und nahm die Verkaufsargumente mit einem Aufnahmegerät auf. Für mich stand sofort fest, dass ich diese offenbar lukrative Möglichkeit ergreifen würde. Es handelte sich um den Verkauf von Fensterwischgeräten und es war beinahe unglaublich, mit welcher Leichtigkeit und Regelmäßigkeit der Verkauf vonstatten ging. Ich war begeistert. Zurück in Oelsnitz

begann ich sofort mit dem Bau eines Verkaufsstandes, musste mich aber aufgrund der ungünstigen Jahreszeit vier Monate gedulden.
Im Februar 1997 war es dann soweit, eine Karriere als Verkäufer begann, die mich mehrere Jahre nicht loslassen sollte. Zusammen mit meinem Freund fuhr ich zum Monatsmarkt nach Chemnitz. Es wurde ein Fiasko, der Fensterwischer fror bei den Minusgraden an der Scheibe fest, doch zu meiner Überraschung gelang uns dennoch ein beachtlicher Umsatz. Kurz darauf fuhr ich mit einem geliehenen Fahrzeug zu meinem ersten Wochenendmarkt. Dort verdiente ich mehr als sonst im ganzen Monat. Das würde mein Durchbruch werden! Sofort tauschte ich meinen PKW gegen einen VW Sharan und war damit bestens gerüstet. Das Werbegeschäft geriet bald ins Hintertreffen und kurz darauf legte ich die GmbH still. Ich hatte den Handel für mich entdeckt und verfolgte dieses Geschäft akribisch.
Nebenbei startete ich mit Holger, meinem Büronachbarn, noch einen Glas- und Kristallhandel. Wir verkauften Ware aus Polen, was sich sehr gut anließ. Jedes Wochenende war ich auf Märkten unterwegs. Aus heutiger Sicht denke ich, dass ich zu diesem Zeitpunkt begann, mich von meiner Frau – nicht nur räumlich – zu entfernen. Damals war ich mir dessen noch nicht bewusst, lebte wie in einem Rausch. Ich bestellte einen neuen, noch größeren Stand, der mehr Umsatz versprach, und leaste immer wieder andere Fahrzeuge. Das Einkommen war so gut, dass ich begann, über Immobilien nachzudenken. Eine neue und schöne Wohnung für meine Familie, eine weitere zum Vermieten sollten es sein. Kurz darauf kaufte ich mit meinem Freund ein Mehrfamilienwohnhaus, das wir modernisierten. Bei den Umbaumaßnahmen lernte ich einen Architekten kennen, mit dem

wir zusammen ein weiteres Mehrfamilienhaus kauften. In diesem entstand auch eine Traumwohnung für meine Familie, die sich über drei Etagen erstreckte und von deren 50 qm großen Dachterrasse man einen herrlichen Blick auf das alte Schloss Voigtsberg hatte, das bei Nacht in einem sanften gelben Licht angestrahlt wurde.
Zu dieser Zeit war ich eigentlich schon voll ausgelastet, denn ich betrieb die Druckerei, den Glashandel und natürlich den Fensterwischerverkauf. Doch ich war wie im Fieber und glaubte daran, eines Tages Millionär zu werden. Als ich einen alten Bekannten wieder traf, der als Bauträger tätig war und mir sein Geschäft erklärte, rechnete ich mir einen weiteren finanziellen Gewinn aus. Mit seiner Hilfe und der Unterstützung meines Freundes, dem Architekten, eröffnete ich meine stillgelegte GmbH wieder und übernahm die Startkosten für ein Bauträgerunternehmen. Die Rahmenbedingungen waren gut. Die Werbemittel konnte ich selbst gestalten und durch den Handel war die Finanzierung gesichert. Wir begannen in unserem kleinen Oelsnitzer Büro mit dem Hausverkauf und hatten sensationellen Erfolg, achtzehn Häuser im ersten Jahr! Ich leaste mir einen Audi TT, einen der ersten, die es gab. Das war mir damals wichtig, wegen des Neideffekts. Es war eine stressige Zeit, und ich nahm auf meine Familie nicht besonders viel Rücksicht, sondern zog alles durch, was ich für richtig hielt. Dennoch stand meine Frau hinter mir, und unsere Familie hielt zusammen.
Ich besuchte weiterhin Märkte und verdiente dort Geld, denn die Einnahmen aus dem Hausbau ließen, wie am Anfang üblich, auf sich warten. Aus dem Glasgeschäft, das zusehends schlechter lief, zog ich mich zurück. Eine Entscheidung, die sich als richtig herausstellte.

Vom Börsengeschehen fasziniert kaufte ich ab und zu ein paar Aktien, konnte aber keinen großen Erfolg verbuchen. Es war eher eine Spielerei, die mich im Endeffekt eine Menge Geld kostete.
Meine Frau arbeitete während all dieser Jahre und leistete einen großen Beitrag zur Haushaltskasse. Sie organisierte den Lebensunterhalt, nicht zu vergessen die ganze Familienarbeit. Sie kümmerte sich um die Kinder und zog all die vielen kleinen Fäden im Hintergrund, die kaum zu sehen sind und doch alles in Bewegung halten. Nur durch diese Arbeitsteilung war mir der schnelle geschäftliche Erfolg möglich.

Als im Frühjahr 1999 die ersten Gewinne aus dem Hausbau eintrafen, gab ich mir ein Gehalt von 8.000 DM und zog mich aus dem Handel ein wenig zurück, verkaufte sogar den VW-Bus. Mein Audi TT musste einem Audi A 8 weichen, meinem absoluten Traumauto, das vor wenigen Jahren noch pure Utopie war. Wir mieteten ein Büro im Zentrum von Plauen. Zu der gleichen Zeit wurde ich das erste Mal unzufrieden mit meiner Beziehung. Wir sprachen unterschiedliche Gedanken aus und es fehlte uns an gemeinsamen Zielen und Träumen. Liebe? Ja, ich habe geliebt, und doch fühlte ich mich wie in einem Würgegriff. Raus hier, dachte ich. Ich wollte von zu Hause ausziehen und wenn ich es erst beschlossen hatte, musste es gleich sein. So zog ich ins Büro. Für mich war es wie ein Befreiungsschlag. Viele werden dies wohl nicht verstehen, aber das erwarte ich auch nicht. Zu dieser Zeit war ich gestresst und überreizt, die Jagd nach dem Geld tat ein Übriges. Ich dachte wirklich, dass Geld glücklich macht, und obwohl ich immer wieder eines Besseren belehrt wurde, war ich zu blind, die Wahrheit zu sehen.

Ich entspannte mich und fand die Situation übertrieben und sinnlos. Zwei Wochen später zog ich, nach einem langen Telfongespräch mit meiner Frau, reumütig wieder zu Hause ein. Und die Jagd ging weiter. Zusammen mit einem Maurermeister und dem Architekten gründete ich eine Baufirma, die unsere Häuser bauen sollte. Auch dort ließe sich noch eine Mark machen, dachte ich mir, und kam mir dabei sehr schlau und großartig vor. Alles drehte sich nur um Geld. Geld um jeden Preis. Von Liebe, Wahrheit und Moral war keine Rede. Heute stelle ich mir oft die Frage, ob ich damals ein guter Ehemann war, und bin mir dahingehend nicht mehr sicher, denn die Liebe und Gefühle blieben doch oft zugunsten von Geld und Macht auf der Strecke. Ich hatte zwar alles, was man sich wünschen konnte, Frau, Kinder, Gesundheit, Erfolg, Ansehen und Geld, doch vieles davon war reine Fassade.
Obwohl ich es nicht immer deutlich zeigen konnte, liebte ich meine Frau sehr. Meine eigene Gefühlswelt war jedoch des Öfteren durcheinander und um mich zu ordnen, strebte ich das Alleinsein an. Doch wir hatten auch viele schöne gemeinsame Urlaube in diesen Jahren. Tony und ich lernten Tauchen, und zusammen mit Monty und Kathrin schnorchelten wir im Roten Meer. Wir waren in New York, Spanien, Italien, Österreich und Griechenland, und obwohl wir eine schöne Zeit hatten, fühlten wir uns nie richtig glücklich. Mit der Zeit kämpften wir an unterschiedlichen Fronten. Angst und Sorgen ließen keine innere Zufriedenheit aufkommen, und wir beide war nervös und misstrauisch. Das war kein Dauerzustand.

„Nur die Narren meinen glücklich zu sein,
wenn all ihre Wünsche befriedigt sind.
Ein Krieger ist glücklich – ohne Grund!
Darum ist Glücklichsein die oberste Disziplin,
höher als alle anderen, die ich dich lehrte."
(Sokrates)

WARUM UND WONACH

Heute, mit Abstand, frage ich mich oft nach den Gründen, warum alles so und nicht anders passiert ist. Die Antwort ist relativ einfach: Ich wusste es nicht besser, denn sonst hätte ich anders gehandelt. Aber das musste ich erst erkennen. Aus diesem Grund sind wir vermutlich auf dieser Welt. Wir müssen uns selbst wiederfinden, nachdem wir uns verloren haben. Eigentlich tragen wir dieses Wissen von Geburt an in uns, doch auf dem Weg nach oben – oder sollte ich besser nach unten sagen – vergessen wir alles. Jahrelang war ich der Ansicht, als reicher Emporkömmling der Gesellschaft all das Ansehen und die Aufmerksamkeit zu bekommen, die mir meiner Meinung nach zu standen. Heute weiß ich, dass die Anerkennung eigentlich nur dem Geld galt. Ich hatte mir dieses Streben selbst auferlegt, und doch habe ich damit meine wahren Gefühle verleugnet und mich beinahe zerstört. Wie viele Menschen setzte ich falsche Prioritäten und strebte nach Glücksgefühlen, nur um ein paar Minuten oder Stunden glücklich zu sein. Scheinbar. Und doch musste ich immer wieder feststellen, dass es nicht von Dauer war, sondern nur für ein oberflächliches Glück, eine oberflächliche Zufriedenheit gut. Haben wir verlernt, das wahre Glück zu erkennen? Sind wir überhaupt noch in der Lage dazu? Wann können wir uns noch an dem Lächeln eines Kindes, den Farben einer Blume, dem Duft einer Wiese oder der Freiheit der Besitzlosigkeit erfreuen? Den meisten fällt das immer schwerer. Sie haben keine Zeit oder werden von Sorgen und Problemen zerfressen. Die Zwänge, die uns umgeben, machen viele Menschen krank. Aber was muss geschehen, um dem zu entkommen? Ohne Anspruch auf Übertragbarkeit zu erheben will ich versuchen, es anhand meiner eigenen Erfahrungen zu verdeutlichen:

Obwohl ich selbstständig war, musste ich mich vielerlei Zwängen unterordnen, was ich heute als eine Art schleichendes Phänomen sehe. In meiner selbst geschaffenen Welt wollten vier bis fünf Firmen aufrecht erhalten und erfolgreich betrieben werden. Jedes Unternehmen benötigt Führung, Kunden fordern zu Recht Zuwendung und Aufmerksamkeit, eine vorausschauende Planung muss erstellt und kalkuliert werden, die notwendigen Steuern und Abgaben müssen bezahlt werden. Sollte auch nur einer dieser Faktoren nicht in Ordnung sein, ist der gesamte Erfolg gefährdet. So erkannte ich z. B. erst viel zu spät, dass meine Bauträgerfirma nicht mehr richtig funktionierte. Als ich begann nachzurechnen, musste ich einen größeren Fehlbetrag feststellen und überlegte fieberhaft was zu tun sei. Die einzige Möglichkeit noch etwas zu retten, wäre ein Vergleich gewesen, doch einige der beteiligten Firmen verweigerten mir ihre Zustimmung und so blieb mir nur, Insolvenz anzumelden.

Nach der Schließung verkaufte ich – aus Rücksicht auf meine Geschäftspartner, aber auch aus Müdigkeit – meine Anteile an der Baufirma und an der Druckerei. Große Summen konnte ich dafür nicht erzielen, und an eine Absicherung war keinesfalls zu denken. So war ich wieder einmal enttäuscht, und das Verhältnis zu meiner Frau geriet zunehmend unter Spannung. Ich dachte zwar, dass ich im Interesse der Familie handelte, doch damit lag ich offenbar falsch. Ich fühlte mich unverstanden, und meiner Frau erging es wohl ähnlich. So kam es, dass ich zwischen Weihnachten und Neujahr auszog. Im Dachgeschoss einer Ranch, auf der wir unser Pferd eingestellt hatten, war ein großes Zimmer frei, das ich bezog. Noch am Neujahrsabend lernte ich ein junges Mädchen kennen, mit dem ich die nächsten drei Monate zusammen blieb. Es war nicht die große Liebe, aber wir verstanden uns ganz gut. Sie werden sich vielleicht fragen, wie ich so schnell eine neue Beziehung beginnen konnte. Dazu kann ich nur sagen, dass es vielleicht an meiner Ungeduld lag, vielleicht auch an meinem Charakter. Vermutlich habe ich die ganze Zeit nach etwas gesucht, was ich nicht einzuordnen vermochte. Als ich diese Frau sah, wollte ich einfach wissen, ob sie diejenige sei, die mit mir und meinen Träumen etwas anzufangen verstünde. Doch wie sich herausstellte, war sie es nicht. Ich sehnte mich auch nach meiner Frau, und ein paar Monate später waren wir erneut zusammen. Es war immer wieder ein Wechselspiel zwischen Hoffnung, Liebe, Unverständnis und Verzweiflung. Ich hatte abermals mit dem Verkauf der Fensterwischer begonnen, allerdings wohl eher des Geldes wegen, den Spaß daran hatte ich längst verloren. Statt dessen sehnte ich mich nach Freiheit. Ich wollte dem ganzen Wahnsinn entkommen, träumte von einem Leben irgendwo am Strand oder von einer Weltumsegelung. Ich hatte genug von falschen Freundschaften, der scheinheiligen Gier und dem Neid. Der Drang nach einem neuen Leben ergriff Besitz von mir und

ich begann, meiner Frau damit in den Ohren zu liegen. Ich wollte raus aus Deutschland, mehr Zeit für die Familie haben und Spaß am Leben. Zahllose Stunden verbrachte ich mit dem Wälzen von Informationen über Boote und Häuser im Ausland. Doch Kathrin ging ich damit wohl eher auf die Nerven, sie ertrug es nur noch schweigend. Gelegentlich verwies sie auf die Kinder oder ihren Job, doch ich gab nicht nach. Stunden-, ja tagelang redete ich auf sie ein, aber dabei blieb es auch.
Als wir im Juni 2002 unseren Urlaub auf Mallorca verbrachten, vertiefte ich mich in die dortige Presse. Die Nähe zu Deutschland, das Klima und die deutschsprachige Umgebung ließen mich auf Kathrins Zustimmung hoffen. Ich konfrontierte sie mit einem neuen Plan und besichtigte eine Bar an der Playa de Palma. Hier würde ich alles aufbauen, und nach einem Jahr sollte sie mit den Kindern nachkommen. Wenig begeistert, eher verzweifelt stimmte sie schließlich zu. Ich unterschrieb den Mietvertrag, kehrte für eine Woche nach Deutschland zurück, um einige Sachen zu holen und bereitete dann die Eröffnung der Bar vor, womit ich alle Hände voll zu tun hatte. Es war Anfang Juli und galt, die Saison zu nützen. Der einzige magere Kontakt zur Familie waren Telefongespräche und bald war auch für mich spürbar, das sich Kathrin in ihr Innerstes zurückzog. Im August reiste ich nach Deutschland, Montys Schulanfang, unser letztes gemeinsames Familienfest. Vielleicht war unsere Beziehung auch schon am Sterben. Mir fehlte zwar die Familie, aber ich genoss dennoch meine Freiheit. Mallorca hatte mich in seinen Bann gezogen. Meer, Freiheit und das lockere Leben gefielen mir, und ich gab mich ihm hin. Es war eine vollkommen neue Welt. Außer meinem Bruder, der mir in der Bar half, kannte

ich niemanden und machte daher ständig neue Bekanntschaften. Es war ein anderes Leben mit anderen Gewohnheiten und Sitten. So vieles war ganz anders als in Deutschland, und das, obwohl wir größtenteils unter Deutschen lebten. Manches war auch ein bisschen verrückt, aber es war Hochsaison und gab beinahe täglich Party.
Als meine Frau im September zu Besuch kam, wollte ich sie mit meiner Begeisterung anstecken, doch es gelang mir nicht. Zu groß war die Kluft geworden, die sich zwischen uns aufgetan hatte und die sich jetzt neben den gedanklichen Unterschieden auch in einer räumlichen Distanz von zweitausend Kilometern ausdrückte. Wir hatten uns zu zwei vollkommen unterschiedlichen Charakteren entwickelt. Auf einer Seite stand Kathrin, eine wunderbare Frau, loyal und aufopfernd, häuslich und heimatverbunden, ein Familienmensch. Auf der anderen Seite stand ich mit meinem abgelebten Leben in Deutschland und meinem Drang nach neuen Erlebnissen und Erkenntnissen. Ich liebte zwar meine Familie, aber ich musste auch mich lieben, denn sonst wäre alles andere sinnlos, das spürte ich schon damals. Es waren unüberbrückbare Gegensätze, die schließlich auch ausgesprochen wurden. Kathrin reiste nach fünf Tagen enttäuscht ab. Doch ich gab noch nicht auf, telefonierte stundenlang nach Deutschland und versuchte, sie von einem Leben auf Mallorca zu überzeugen. Ich konnte sie schließlich zu einem fünftägigen Winterurlaub in der Weihnachtszeit überreden. Als sich die Saison auf Mallorca dem Ende zu neigte, wurde es kühler und damit auch ruhig in unserer Bar. Die Playa de Palma wurde menschenleer. Natürlich machte sich dies an der Umsatzlage bemerkbar, und ich musste jeden Monat etwas drauflegen. Auch an mir stellte ich Veränderungen fest. Es gefiel mir nicht,

mich bis in die Morgenstunden mit Besoffenen zu unterhalten, mir die Nächte mit Alkohol und sinnlosen Gesprächen um die Ohren zu schlagen. Ich suchte nach einer Lösung. Schließlich vereinbarte ich mit meinem Bruder, dass er die Bar führte, ich allerdings nach wie vor das finanzielle Risiko trug. Meine freie Zeit nutzte ich, mir einen langgehegten Traum zu erfüllen. Ein Musiker, der öfter bei uns in der Bar gespielt hatte, verkaufte sein Boot und machte mir ein verlockendes Angebot. Als er mir die Möglichkeit der Ratenzahlung gab, griff ich zu. Das Boot war 30 Jahre alt und ich wollte es restaurieren, um damit die Welt zu umsegeln. Obwohl es nur 8,50 Meter lang war, bot es genug Raum für zwei Personen. Zusammen mit Anton, einem Holländer, begann ich mit der Restaurierung. Ich hatte natürlich keine Ahnung von Booten, und so musste ich ab und zu Lehrgeld bezahlen.
Auch mein Sohn Monty besuchte mich auf Mallorca. Ich holte ihn vom Flugplatz ab und wir hatten viel Spaß miteinander. Wir segelten mit Freunden, arbeiteten am Boot oder gingen zum Baden. Eine Vater-Sohn-Beziehung ist schwierig, wenn Distanz und Zeitabstände groß sind, dennoch versuchte ich, ihm näher zu bringen, was sein Vater so tat und dachte.
Der Weihnachtsurlaub, an den die letzten Hoffnungen für unsere Ehe geknüpft waren, erwies sich als Enttäuschung, vielleicht, weil ich nicht genügend Geduld aufbrachte. Doch Geduld war noch nie meine Stärke. Kurz nachdem wir wieder zuhause waren, fielen die Würfel und wir beschlossen unsere endgültige Trennung. Ich fuhr nach Mallorca zurück, mit der Erkenntnis, dass es für uns beide besser sei, die Beziehung zu beenden, und arbeitete wieder an meinem Boot. Über meine deutschen Kontakte versuch-

te ich, wieder ins Fensterwischergeschäft einzusteigen. Doch es sollte bei gelegentlichen Messeauftritten bleiben. Eine völlig neue Entwicklungsperiode meines Lebens stand an, das fühlte ich. Noch war ich jedoch in einem dunklen Raum gefangen, sah keinen Ausweg und drehte mich im Kreis. Es ging weder vorwärts noch rückwärts. Ich war wach, aber wie gelähmt. Schwer zu beschreibende Gefühle von Trance und Apathie lösten sich ab. Ein neues Jahr begann. Was würde ich finden?

Das Leben geht aus deinen Absichten
bezüglich deines Lebens hervor.

WAS BLEIBT?

Der Verlust der Familie, die wechselnde Gefühlswelt und das Leben auf Mallorca kreiste in meinen Kopf und ich wusste für den Moment nicht damit umzugehen. Je mehr ich nachdachte, desto absurder wurden die Antworten. Nach Wochen der Zerstreuung schälten sich Erkenntnisse heraus, die mir immer mehr als Tatsache und Kernpunkt meines Daseins bewusst wurden. Was hatte ich nicht alles getan im Leben? Wonach bin ich gesprungen? Welche Ziele habe ich verfolgt und wo meine Prioritäten gesetzt? Fragen über Fragen. Ich beleuchtete die Vorgänge und versuchte zu verstehen, was geschehen war. Eine Vermutung kroch in mir hoch. War mein ganzes Leben Suggestion? Bewegte ich mich nur an der Oberfläche? War das, was ich dachte, ich selbst oder war es eine aufgesetzte Gefühlswelt? Vielleicht sogar ein Traum? All das, was ich in meinem Leben tat und was mir so wichtig war, hatte sich aufgelöst, wie Salz in der Suppe, war dahingeschmolzen wie Eis in der Sonne. Nun, da stand ich, alles war verschwunden, alles nur Schall und Rauch.

Nun war alles in mir bereit, bereit für die Suche. Ein neuer Weg – ein neues Leben? Ich war frei. Frei, mich zu erleben und zu entdecken, wohin auch immer es mich verschlagen sollte. Die Suche nach Antworten konnte beginnen. Die Träume all der Jahre warteten darauf, realisiert zu werden. Geblieben ist die Erinnerung an vergangene Zeiten und das Gefühl der Liebe, die ich erleben

durfte, ein Geschenk das mir nicht mehr genommen werden kann. Diese Wahrheit blieb, als Hinweis darauf, wer wir wirklich sind und wer wir sein möchten.
Zurück in Mallorca entfernte ich mich spürbar von der Bar. Mein Bruder übernahm alle organisatorischen Aufgaben, und ich arbeitete mit Hochdruck am Boot, plante, so bald als möglich darauf zu wohnen, um die Miete zu sparen. Da ich mein Zimmer räumen wollte und das Boot noch nicht fertig war, fragte ich Anton nach einer Unterstellmöglichkeit. Er hatte eine Bekannte, Alice, die ein großes Haus in Portals Nous hatte. Ich war ihr schon einmal kurz begegnet. Anton hatte ihr den Hafen gezeigt, als ich am Boot arbeitete. Es wurde ein gemeinsames Essen organisiert, bei dem wir uns bekannt machten. Alice, die gut und gerne meine Mutter sein könnte, war Amerikanerin, sprach nur englisch und ich musste mich mächtig anstrengen, um mit meinen paar Brocken zur Unterhaltung beizutragen. Doch es ging besser als erwartet und wir verbrachten einen wunderbaren Abend, zu dessen Gelingen nicht zuletzt die Übersetzungskünste von Claudia, einer Österreicherin, beitrugen. Anton mietete ein Zimmer bei Alice an, in das er aber letzten Endes nie einziehen sollte. Ich bekam die Möglichkeit, meine Sachen in einer Abstellkammer unterzubringen. Kurz darauf flog ich für einige Wochen nach Deutschland, um ein paar Euro zu verdienen.
Wieder wohnte ich bei meinem Freund Sven und seiner Familie, wo ich als fünftes Familienmitglied aufgenommen wurde.
Aber weiterhin arbeitete es in meinem Kopf. Ich dachte nach. Wo war der rote Faden? Wo der Anfang? Ich spürte, dass ich raus musste. Meine Suche sollte an einem Ort beginnen, an dem ich noch nie zuvor war.

Ich erinnerte mich an eine Begegnung, die ich Jahre zuvor hatte. Eine wortlose und doch eine bleibende und fest in meiner Erinnerung verankerte Begegnung mit einer Frau. Dieser Sache ging ich nach und erfuhr, dass sie mittlerweile in Delhi lebte und arbeitete. Dies schien mir eine Chance zu sein. Ein Neuanfang, wofür auch immer. Ich wusste nicht warum, und dennoch sagte alles in mir, dass ich dorthin gelangen musste. Mit etwas Glück fand ich ihre E-Mail-Adresse heraus und schrieb ihr einfach ein paar Zeilen. Sie antwortete und die Brücke war geschlagen. Von nun an gab es kein Halten mehr. Meine nächste Reise sollte nach Indien gehen. Was würde mich dort erwarten? Wer wusste das? Ich buchte kurzerhand eine Flug nach Delhi. Arrangements mit Jacqueline wurden getroffen, und ich fühlte Neugier und Hoffnung. Ich weiß nicht, warum ich Kontakt zu einem Menschen suchte, den ich noch nie gesprochen hatte. Doch ich dachte nicht mehr rational, wie ich es oft vorher tat, hörte nur auf meine innere Stimme, ließ mich von der Hoffnung treiben.
Doch zuerst flog ich zurück nach Mallorca. Anton war wieder zu seiner Freundin gezogen, und so bot sich mir die Gelegenheit, das Zimmer bei Alice zu beziehen. Da mein Boot noch immer nicht fertig war, nutzte ich diese Gelegenheit. Eine folgenreiche Entscheidung. Im Haus von Alice ging alles sehr privat und locker zu. Alice war seit zwei Jahren verwitwet und froh, dass sie etwas Gesellschaft hatte. Klein, dunkelhaarig und immer mit eine Zigarette in ihrer Hand lernte ich sie langsam besser kennen. Ihre großzügige Art beeindruckte mich und ich schätze sie – auch heute noch – als großartige Gesprächspartnerin, die geduldig zuhören kann und doch immer präsent ist. Nach und nach entfernte ich mich von meiner

Vergangenheit, setzte mich mit mir auseinander, machte meinen Frieden mit allem und lernte Englisch. Wir frühstückten zu dritt – Claudia, Alice und ich – und verbrachten so manchen Abend auf der Terrasse, die einen wunderbaren Blick über die Bucht von Portals bot. Dann tranken wir Wein, philosophierten übers Leben, über Träume und Zukunftspläne. Ich erzählte von meinem Traum der Weltumseglung, von Freiheit und Abenteuern, die ich erleben wollte. Eines Abends erhielt ich dann ein unverhofftes Angebot. Alice schlug mir vor, sich mit fünfzig Prozent an einem größeren Boot zu beteiligen. Dafür wollte sie mit um die Welt segeln, was ihr allein nicht möglich wäre. Wir verstanden uns gut und ich erbat mir etwas Bedenkzeit. Viele Gedanken schossen durch meinen Kopf, ich rechnete und kalkulierte das Unternehmen. Es könnte aufgehen und dennoch war ich mir nicht sicher, ob ich das wirklich tun sollte. Gut, wir hatten eine freundschaftliche Beziehung und es könnte funktionieren. Doch hatte ich nicht schon genug Freundschaften kaputtgehen sehen und all dies am eigenen Leib erfahren?
Nun wie auch immer, geteilte Kosten sind halbe Kosten, und die Realisierung des Traumes Weltumseglung konnte dadurch schon jetzt zur ersehnten Realität werden. Ich willigte ein und wir beschlossen, zusammen einen Katamaran zu kaufen. Von nun an wälzte ich Zeitungen und durchforstete intensiv die Bootsangebote im Internet.
Ein Katamaran schien mir das geeignete Schiff zu sein. Ausreichend Platz, guter Segelkomfort und Sicherheit spielten eine große Rolle. Schließlich wurde ich kurz vor meiner Indienreise fündig. In Thailand eröffnete sich ein sehr interessantes Angebot. Wir buchten die Flugtickets und schon war die nächste Reise beschlossene Sache.

Ein außergewöhnliches Jahr stand bevor, das fühlte ich. Es tat gut, viel unterwegs zu sein, denn es lenkte mich von verloren geglaubten Dingen ab und ich sah wieder Licht in der Dunkelheit. Die Suche nach mir selbst war in den Mittelpunkt meines Lebens gerückt und dieser widmete ich meine volle Aufmerksamkeit.

Jedes Gewehr, jede Kriegshandlung und jede Rakete
ist letztendlich ein Diebstahl an jenen,
die hungern und nichts zu essen bekommen,
an jenen, die frieren und nichts anzuziehen haben.
Die bewaffnete Welt verschwendet den Schweiß ihrer Arbeiter,
das Genie ihrer Wissenschaftler, die Hoffnung ihrer Kinder.
(Dwight D. Eisenhower, 1953)

IN INDIEN

Die Erlebnisse und Eindrücke, die ich auf meiner Reise nach Indien sammelte, beeindruckten mich tief und prägen mein Leben noch heute. Bevor ich nach Indien kam, hatte ich keine Ahnung, was auf dieser Welt vor sich geht. In Europa geboren und aufgewachsen, immer wohl behütet. Das Land, in dem man sich Sorgen über Prozente und Allergien macht, über Ratenzahlung und Rente, über Aussehen und kosmetische Operationen. Doch einmal in Indien reisen, beobachten und verarbeiten kann ein Leben verändern. Wir alle könnten es sehen, jetzt und gleich, doch es scheint nicht möglich. Warum? Was auch immer mit mir passierte, ich kann es wohl nie genau erklären, doch ich werde mich bemühen. Um die Eindrücke möglichst plastisch darzustellen, habe ich mich entschlossen, Auszüge meines persönlichen Reisetagebuches zu veröffentlichen:

05.05.2003
Das Flugzeug ist voll und endlich heben wir ab. Diese Anspannung beim Start werde ich auch langsam los. Neben mir sitzt ein Inder, wir reden nicht viel, ich habe auch gerade keine besondere Lust dazu.

11.100 Meter, unsere Reiseflughöhe. Mit 900 Stundenkilometern geht es voran und nun überfällt es mich, das unbeschreibliche Glücksgefühl. Die Atmung geht schneller, mein Körper verkrampft sich fast und ich versuche, mich gegen den Stuhl zu drücken. Ich muss lachen und weinen zugleich. Es ist das Gefühl, auf dem absolut richtigen Weg zu sein. Wieder ein neues Abenteuer. Wie wird es wohl ausgehen? Was wird es wohl an neuen Eindrücken und Erfahrungen hinterlassen?
Sieben Stunden später landen wir in Neu Delhi. An der Passkontrolle sitzen mehrere Ärzte mit Mundschutz, um ein von uns ausgefülltes Papier über SARS, die gefährliche Lungenkrankheit, abzustempeln. Passkontrolle, Koffer holen, raus hier.
Ich nehme mir ein Taxi und fahre zu Jacqueline. Der Taxifahrer kannte den genauen Weg natürlich nicht, er musste etwa zehn Mal fragen. Ich klingle an der Tür, dort steht tatsächlich Jacqueline R. dran, keiner hört. Ich versuche es über das Telefon und es klappt. Es ist zwei Uhr nachts und wir quatschen noch bis halb vier. Aber ich mache den gleichen Fehler wie immer und erzähle zu viel über mich. Das Problem ist dann, dass die anderen viel mehr über mich wissen, als ich über sie. Zuhören, daran muss ich noch arbeiten!

06.05.2003

Die Stadt Delhi ist groß und liegt permanent im Smog. Dreizehn Millionen Menschen leben hier, das spürt man auf Schritt und Tritt. Obwohl alle hier sehr friedlich sind, hatte ich doch am ersten Tag ein etwas mulmiges Gefühl im Bauch, als ich alleine mit einer Rikscha durch Delhi zog. Der Fahrer versuchte, mich zu den unterschiedlichs-

ten Märkten zu lotsen, aber wenn man genaue Anweisungen gibt, klappt es ganz gut. Die Gegensätze in Indien sind groß. Fast an jeder Ampel lauern Bettler, und wenn sie dich erst im Visier haben, weichen sie nicht von deiner Seite bis die Ampel grün zeigt. Ich gebe nichts, obwohl man schwach werden könnte, wenn man sie so sieht. Männer ohne Arme oder Beine, die am Boden auf das Taxi zu kriechen. Frauen mit schreienden Kindern. Kinder im Alter von fünf bis sechs Jahren, die aussehen, als ob sie vierzehn Tage nicht geschlafen und sich nicht gewaschen hätten. Das Traurige dabei ist, dass das meistens auch zutrifft. Um das zu verstehen, brauche ich wohl noch ein bisschen mehr Zeit und Einblick.
Die Armut in Indien ist enorm. 1,2 Milliarden Menschen leben dort auf einfachste Weise und es war mir nicht möglich, diese Welt in den ersten Tagen zu verstehen. Teilweise kam ich mir erdrückt vor. Hilflos.

07.05.2003
Überall laufen Kühe auf den Straßen herum. Sie gelten als heilig und wo eine Kuh liegt, ist besetzt. Heute Abend wollen Nicole, eine Bekannte von Jacqueline, und ich mit dem Zug nach Varanasi aufbrechen. Er gilt als heiliger Ort und die Fahrt mit einem der meist überfüllten Züge soll zweiundzwanzig Stunden dauern. Wir landeten auf Nummer 102 der Warteliste und hatten damit keinen offiziellen Platz im Zug, aber was wollten wir machen. Wir stiegen trotzdem ein. Good luck! Ich glaube, wir hatten etwas Glück, als wir uns auf einen zufällig freien Platz setzten und konnten bis zur nächsten Station sitzen bleiben. Wie wir erfuhren, kam diese erst sechs Stunden später. Acht Stunden sind um und ich sitze zwischen zwei Waggons

auf Riffelblech. Die Züge in Indien sind meist ausgebucht und vollgestopft mit Menschen. Die Bahnhöfe überfüllt. Wären wir Inder gewesen hätte man uns sicher, ohne die gültige Fahrkarte, aus dem Zug geworfen. Doch als Touristen wurden wir geduldet.

08.05.2003
Momentan sitze ich hier allein, zwischen dem Mülleimer und den Toiletten, aber komischerweise fühle ich mich gut dabei. Es ist hell und ich habe etwa eine Stunde geschlafen. Die letzte Stunde sind wir an unzähligen Dörfern vorbei gefahren, und ich sah viele Menschen im Freien schlafen. Kinder und Frauen, die auf Liegen unter freiem Himmel übernachten. Es kommt mir wie ein schlechter Traum vor. Das kann es doch nicht geben, nicht auf dieser Welt. Ich bin wie gelähmt und hoffe, dass ich verstehen lerne, warum das so ist. Viele Kinder werden diese Dörfer nie verlassen, nie schreiben oder lesen lernen. Mir fehlt die Vorstellungskraft. Wir passieren unzählige Bahnhöfe in der Nacht, halten meist nur kurz, doch lange genug um einen Blick hinaus auf die Bahnsteige zu werfen. Dort liegen Menschen auf dem Boden, Menschen allen Altersgruppen, auch mit Kindern. Die Nacht ist schwül und ich starre in die Dunkelheit. Der Zug rollt langsam vor sich hin. Der Motor war kaputt und wurde in der Nacht lange repariert. Auf dem Lande in Indien gibt es keine Toiletten, im Morgengrauen sah ich die Menschen zu Hunderten auf den Felder, wo sie mit einer kleinen Wasserkanne in der Hand ihr Geschäft verrichteten. Dutzende baden in kleinen Teichen, zusammen mit Kühen und waschen ihre Wäsche. Am Ende der Reise sind wir in Varanasi, dem heiligen Ort, an dem die Inder ihre Toten die letzte Ehre

erweisen. Mit einer Rikscha fahren wir zum Alka-Hotel. Der Weg dorthin erschien schon wie ein Abenteuer. Das Hotel liegt direkt am Ganges in der Old City von Varanasi. Auf halber Strecke hielt der Fahrer an und wir mussten noch zehn Minuten durch die Altstadt zu Fuß gehen. Etwas ängstlich folgen wir dem Fahrer durch manchmal nur einen Meter breite Gassen. Wir laufen an schlafenden Kindern, Kühen und Bettlern vorbei. Überall liegt Dreck und Kuhmist, die Menschen arbeiten am Straßenrand oder liegen einfach da und schlafen. Ich frage mich nur, wo die vielen Pilger übernachten, denn laut Reiseführer gehen jeden Tag ca. 60.000 Menschen im Ganges baden. Ich gehe wohl lieber nicht baden, denn die Untersuchen ergaben, dass pro 100 ml Wasser 1,5 Mio. Bakterien enthalten sind. Der Grenzwert zum Baden liegt bei weniger als 500 Bakterien! Es ist kein Wunder, dass die Werte so hoch sind, denn es wird alles in den Fluss geworfen: Müll, tote Tiere, Asche, Fäkalien usw.

Das Frühstück im Hotel war vegetarisch, wie fast überall in Indien, aber gut. Ich trinke frischen Mangosaft, Wasser und Kaffee. Dazu gibt es Sandwiches und Makkaroni mit Pilzen und Tomatensoße.
Direkt unterhalb des Hotels baden Kühe an der gleichen Stelle, an der kurz zuvor noch Menschen das heilige und reinigende Bad genommen haben. Ohne diesen fest verankerten Glauben würde dieses Land wohl nicht funktionieren.
Später fahren wir den Fluss hinunter zu einem Ghat, wo die Menschen verbrannt werden. Es brennen schon einige Feuer. Wir sind nahe genug dran und ich glaube, die Toten auf den Holzhaufen zu sehen. Um die Feuer herrscht rege Dy-

namik. Unser Boot kehrt um und wir fahren den Fluss aufwärts. Von weitem dringt permanentes Trommeln ans Ohr. Ein kleiner Junge verkauft uns fünf Kerzen. In der Mitte des Flusses setze ich drei der Kerzen ins Wasser, eine für meine Familie und Freunde, eine weitere für meinen Opa, und eine für meinen toten Freund Ronny. Die Kerzen gleiten dahin und ich sehe sie in der Nacht verschwinden. Melancholie kommt auf und ich möchte allein sein. Ich setze mich auf die Spitze des Bootes, schaue wie in Trance der Zeremonie zu. Die Trommelschläge dringen in meinen Körper ein und da ist es wieder, dieses absolute Glückgefühl. Mir kommen die Tränen. Wenn ich sterben muss, dann bitte hier! Direkt am Fluss stehen Urnen mit der Asche der Toten. Lichter, Musik und der Tanz der Priester verschmelzen, ich fühle mich frei und geborgen. Alles scheint mir vertraut.

Später sitze ich allein auf der Terrasse des Hotelrestaurants und atme die schwüle, rauchige Luft. Es ist ruhig, nur der Generator des Hotels tuckert vor sich hin. Ich schaue aufs Wasser und genieße die Einsamkeit.

09.05.2003

Das erste Mal sehe ich, wie ein Mensch verbrannt wird. Ich sehe die Frau liegen und das Feuer brennen und weiß nicht, was ich denken soll. In Varanasi gibt es entlang des Flusses 85 Ghats, die von unterschiedlichen Gruppierungen genutzt werden. Ein Ghat ist ein bestimmter Bereich, in dem man das Wasser betritt.

Ich traue meinen Augen nicht, Delphine im Ganges? Doch es ist eigentlich logisch, Delphine sind Fleischfresser. Wir sehen einen kleinen halboffenen Sack schwimmen und man sagt uns, dass das wohl ein Tier oder ein Kind sei. Es ist aber nicht genau auszumachen.

Man muss hier die verschiedensten Gerüchen ertragen, durch Kuhscheiße und Urin laufen inklusive, aber es ist OK. So ist es eben in Indien. Wir haben trotz etwas Unsicherheit unsere Taschen im Hotel stehen lassen, direkt an der Rezeption. Es ging alles gut. Überhaupt habe ich den Eindruck, dass die Inder – bis auf ein paar geschäftliche Tricks – ehrliche und einfache Leute sind und so langsam kriecht in mir mehr Vertrauen hoch.

Bei unsere Abreise aus Varanasi in Indien waren wir spät dran und mussten in dreißig Minuten am Bahnhof sein, um unseren Zug zu erreichen. Wir gingen mit unserem Gepäck in die belebte Straße, um ein Taxi zu finden. Wir suchten nach einer Motorrikscha, doch es war wie verhext. Nichts zu machen. Seit etwa zehn Minuten lief eine Mann neben uns her, eine Fahrradrikscha schiebend und bot uns seine Dienste an. Ich lehnte die ganze Zeit ab, denn wir waren voll bepackt, und dies mit Muskelkraft bis zum Bahnhof zu bringen, schien mir Unmöglich, besonders in dieser kurzen Zeit. Es wurde hektisch. Aussichtslos, ein Taxi zu finden. Der alte Mann war etwa 65 Jahre, mager und

grauhaarig und gab nicht auf. Er unterbreitete uns ein Angebot. Wenn er es nicht in zwanzig Minuten schaffe, dann brauchen wir nichts bezahlen. Wir vereinbarten einen Preis. Einen Euro. Stiegen auf und hatten kaum Platz auf dem Drahtesel. Der Mann strampelte los, schwitzend, durch die Menschenmassen und über die schlechten Straßen rollten wir dahin. Ich blickte auf seinen durchnässten Rücken und fühlte, wie schwer es wurde für ihn. Noch heute habe ich die magere Gestalt mit dem roten, durchgeschwitzten Hemd vor mir. Mich packte das schlechte Gewissen. Am liebsten hätte ich ihn hinten hin gesetzt und wäre selbst gefahren. Es war ein Moment von Demut, welcher in mir aufkam. Wenn dieser Mann mit 65 Jahren so arbeiten muss um einen Euro zu verdienen, worüber machen wir uns dann überhaupt noch Sorgen. Wir Deutschen sind bereits mehr von Glück gesegnet, als wir uns je denken können. Und doch scheint es mir oft, als wenn die Menschen unglücklich sind mit dem Leben. Unvorstellbar.
Wir erreichten den Bahnhof nach 25 Minuten und ich gab ihm das Doppelte. Er war durchgeschwitzt und außer Atem, doch er war stolz und glücklich. Hundert Euro hätte ich ihm geben sollen, was hätte es gemacht. Wir bedankten uns und eilten zur Bahn. Vergessen werde ich diesen Mann nie. Ein Erlebnis welches eingebrannt ist und mir eine Tür zur Demut öffnete.

Zwischen Varanasi und Jaipur lagen wieder zwanzig Stunden Zugfahrt, wir waren natürlich wieder auf der Warteliste, nur diesmal hatten wir einen Sitzplatz und eine Fahrkarte mit Warteliste Nummer 1. Diesmal wollten sie uns fast aus dem Zug schmeißen, doch wir blieben stur und somit gab der Schaffner auf. Wir teilten uns in der darauffolgenden Nacht ein Bett mit einem anderen Passagier, denn unser Platz wurde zweimal verkauft. Drei Personen ein Bett. Nach einem kurzen Blick auf die schönste Moschee der Welt erreichen wir gegen Morgen Jaipur.

10.05.2003 – Jaipur
Es sind sicher vierzig Grad draußen, aber irgendwie kann ich die Hitze heute wieder gut ab. Nicole hat mir mitgeteilt, dass sie schon morgen wieder zurück nach Delhi will. Ich hatte mich aber eigentlich auf zwei bis drei Nächte eingerichtet. Aber gut, ich beuge mich. Wir sind zu zweit losgefahren, also sollten wir auch zu zweit wieder in Delhi ankommen, zumindest sind das meine Gedanken.
Komischerweise finden sie dich immer, die Städteguides und deine Helfer in der Not. Auch diesmal haben wir direkt wieder zwei an unserer Seite. Wir fragen sie nach der Tourist-Information und sie zeigen uns den Weg, natürlich persönlich. Wir wollen gleich die Zugtickets für morgen buchen und bekommen prompt zwei Tickets ohne Warteliste.
Nicole möchte auf der Wiese schlafen. OK. Ich entscheide mich für ein Zimmer mit TV, Bad und Kühlgebläse. Wir trinken einen Tee in einem typisch indischen Dahba, das aussieht wie eine Schmiede von 1945, und es ist verdammt heiß hier drin. Dann fahren wir los. Das Auto wäre bei uns schon längst auf dem Schrottplatz, aber hier ist das kein Problem. Wir steigen etwas misstrauisch ein und lassen ihn abfahren. Nicole bekommt Angst, doch sie hat mit den Indern noch nie schlechte Erfahrung gemacht, warum also heute. Es ist schon etwas verrückt zu verstehen, denn man vertraut sich innerhalb von zwei bis drei

Stunden anderen Menschen an und lässt sich zu Orten außerhalb der Stadt fahren, die nicht einmal im Reiseführer stehen. Aber es geht alles gut und wir landen in Chokhi Dhani, einem Ausflugsziel hauptsächlich für Inder. Es ist ganz lustig, hat Jahrmarktcharakter. Wir reiten eine kleine Runde auf einem Kamel und nehmen am Rajastanie-Essen teil.
Nicole schläft jetzt bei mir, denn draußen sei es zu unsicher, sagt der Hotelleiter. Mir macht es nichts aus, denn ich habe ein Doppelbett und irgendwie würde ich auch nicht unbedingt im Freien schlafen, besonders ohne Zelt und Decke. Na, dann gute Nacht. Wir schlagen uns noch ein bisschen mit einer großen Kakerlake herum, dann ab ins Bettchen.

11.5.2003

Wir sind nach Amper gefahren. Es sind über vierzig Grad, da kommen sogar die Inder ins Schwitzen. Der Aufstieg mit dem Elefanten dauert zwanzig Minuten und es ist interessant, in dieser Höhe zu sitzen. Der Rundgang durch heiligen Mauern dauert etwa eine Stunde. Wir erfahren viel über die Maharadschas und ihre Lebensweise. Sie hatten 350 Frauen und 35 Königinnen, von denen jede ihre eigenen vier Wände im Schloss hatte. Was wollten sie nur mit den vielen Frauen? Denn sie waren so fett, dass sie teilweise nicht mehr laufen konnten und im Bett gefahren wurden.
Die nächsten Tage verbringe ich in Delhi. Ich buche einen Inlandsflug nach Leh, im Norden Indiens und einen weiteren Flug nach Nepal. Ich werde mich schleunigst wieder auf neue Abenteuer begeben, denn ich bin neugierig auf dieses Land geworden.

15.05.2003 – Leh

Die Kontrollen nach Leh sind sehr streng, obwohl es ein Inlandsflug ist. Fünf Mal werden die Tickets, zwei Mal das Handgepäck kontrolliert, für jedes Gepäckstück gibt es einen Security-Stempel. Die Flüge werden hier gerne überbucht. Wenn du zu spät kommst und alle Sitze weg sind, hast du Pech gehabt. Doch ich kam mit. Der Pilot manövriert die Maschine durch ein paar Bergpassagen und landet sicher in Leh. Der Flughafen sieht eher aus wie ein Militärgelände. Überall stehen bewaffnete Soldaten mit Maschinenpistolen. Als ich ausstieg, bemerkte ich gleich die dünne Luft. Hier, auf 3.500 Metern Höhe, muss man sehr tief atmen und die Bewegung im Rahmen halten, zumindest die ersten zwei, drei Tage.

Mein Zimmer ist ca. drei mal drei Meter mit Tisch und einem Bett, hart wie Stein. Ich schlafe trotzdem für drei Stunden ein. Danach kurze Erkundungstour. Ich habe einfach einen Jeep bestellt und zehn Minuten später war ich mit meinem Fahrer unterwegs. Sein Name war Agbar und er war 25 Jahre alt. Er erzählte mir, dass er Leh noch nie verlassen hat. Er hat weder einen Ausweis noch einen Pass und das mit dem Führerschein, sei auch „no important". Alle Klöster liegen hier auf einer Anhöhe und müssen zum Großteil restauriert werden, wobei das, was wir als alt bezeichnen würden, hier durchaus neu sein kann. In Leh gibt es 15.000 Einwohner und 20.000 Soldaten, was wohl einiges über die Bedeutung dieser Region aussagt. Auf der einen Seite China und auf der anderen Kaschmir, politisch also etwas unruhig. Hier in Leh ist es jedenfalls heute friedlich. Am ersten Kloster wird gearbeitet. Ich treffe drei Frauen, die gerade Sand den Berg hinaufschaffen, in Säcken. Als sie mich bemerken, halten sie inne und setzen

sich hin. Sie lachen und grüßen freundlich. Ich steige hinauf und genieße die herrliche Aussicht. Beim Abstieg winken mir die Frauen lange zu und sehen mir nach. Der SHEY PALACE soll später auch für Touristen geöffnet werden. Das nächste Kloster, THIKSEY GONPA, wird von etwa zweihundert Mönchen bewohnt. Mein Fahrer erzählt mir, dass sie hier wohnen und beten. Als wir oben ankommen, werde ich von einem Monk sehr freundlich empfangen. Er führt mich als erstes in einen Gebetsraum. Hier ist es sehr dunkel, und vor mir steht ein riesiger, etwa drei Meter hoher Gott mit zwanzig Armen.
Die Aussicht ist atemberaubend und der Innenhof sehr farbenprächtig bemalt und sauber. Im Hof tanzen Mönche. In einem zweiten Gebetsraum ist es hell, hier sitzt ein zehn Meter hoher Buddha im Schneidersitz. An der Wand hängen zwei Bilder vom letzten Besuch des Dalai Lama. Ich stehe auf heiligem Boden, es ist beeindruckend.
Der Mönch ist mit einem roten Gewand bekleidet und erlaubt mir in seiner freundlichen Art, auch ein Foto zu schießen. Diese Einfachheit, mit der die Leute hier leben und trotzdem absolut glücklich scheinen, lässt mich an meinem Lebensstil zweifeln. Aber könnte man den so einfach ablegen und vergessen? Ich weiß es nicht. Wir gehen noch in einen dritten Gebetsraum, in dem hunderte verschiedener Figuren stehen und ich frage, ob der mit den zwanzig Armen Gott sei. Nein, alle Figuren sind Götter, denn unser Gott hat verschiedene Gesichter, antwortet mir mein Führer. Ich verabschiede mich von meinem Gastgeber und steige nachdenklich den Berg hinab.
Auf dem Heimweg lädt mich mein Fahrer zu Kaffee ein und wir gehen in ein Hinterhofcafé für Einheimische. Dort arbeiten vier Frauen, die närrisch lachen, als sie mich se-

hen. Ich wollte dann noch Wasser kaufen, doch es gab keines, denn seit sechs Monaten ist die Zufahrtsstraße nach Leh unpassierbar.

16.05.2003
Als ich aufwache, ist es 6.50 Uhr und die Sonne scheint. Ich setze mich zu meinen amerikanischen Mitbewohnern auf das Dach des Hauses zum Frühstücken. Es gibt Fladenbrot und Eier, dazu Tee. Der Blick ist einfach atemberaubend.

17.5.2003
6.30 Uhr Augen auf. Leh erstrahlt im Morgenlicht. Der Himmel ist strahlend blau und die Vögel singen ihr Morgenlied. Ich habe gut geschlafen, herrlich warm die neue Decke.
Heute steht „Horse Riding“ auf dem Programm. Wir fahren ca. zehn Kilometer. Dort erwartet mich ein alter Mann mit zwei gesattelten Pferden, kaum größer als Ponys. Sie sehen sehr geländegängig aus. Ich sitze auf und ab geht es. Hier kommen mir jetzt meine Reitstunden zugute. Wir reiten und laufen abwechselnd querfeldein. Am Ende eines Einschnittes vor steilen Felswänden lädt mich der Mann zu seiner Verwandtschaft ein. Nachdem wir mit den Pferden mehrere Flüsse durchquert haben, kommen wir an einem einzelnen Haus an, wo uns ein netter älterer Mann herzlich empfängt. Man bittet mich, ins Haus zu kommen. Wir trinken Tee und essen Japati. Meine kleine, fünf Jahre alte Kamera lenkt die Aufmerksamkeit auf sich und so schieße ich ein paar Bilder von der ganzen Familie. Die Frau zieht sich extra ihr Sonntagsgewand an und ich fotografiere sie mehrfach mit dem Kind auf ihrem Arm. Ich verspreche, die Fotos zu schicken und bitte um die An-

schrift. Der Mann nennt mir die Anschrift, denn schreiben kann weder er, noch mein Guide. Es ist das erste Mal, dass ich mit einer solchen Situation konfrontiert werde. Der Rückweg führt über Bäche und Flüsse. Schmale Pfade, die von Dornenbüschen gesäumt sind, verlangen den Pferden alles ab. Nach mehreren Stunden erreichen wir die Hauptstraße. Ich verabschiede mich von meinem Guide und gebe ihm ein Trinkgeld von 100 Rupien (2 Euro), die er sich wirklich verdient hat. Dankbar küsste er meine Hände und umarmte mich. Zuerst war es mir peinlich, doch jetzt bin ich gerührt und fühle Tränen über meine Wange rin-

nen. In welcher Bescheidenheit und mit welcher Liebe diese Menschen leben, ist höchst beeindruckend. Meine Erlebnisse stimmen mich sehr nachdenklich, und ich werde diesen Mann und seine Familie wohl nicht vergessen.
Das erste Auto hält und nimmt mich die letzten drei Kilometer nach Leh mit. Ich sitze alleine auf der Terrasse und genieße die letzten Stunden, denn schon bald fliege ich wieder nach Delhi zurück.
Der Abflug erfordert eine längere Prozedur in Indien: Sensorkontrolle mit komplettem Gepäck und Ticket, Check-in mit Gepäckaufgabe, Pass- und Ticketkontrolle, Austragen aus dem Visa-Buch, Einzelkontrolle, Leibesvisitation, Handgepäckkontrolle, Gepäckidentifikation, Boarding – Ticket – erneute Handgepäckkontrolle.

20.05.2003

Wir haben eine Einkaufstour geplant, aber irgendwie habe ich keine richtige Lust auf Shopping, denn im Grunde genommen bin ich pleite. Gestern Abend habe ich erfahren, dass die Hälfte meiner Bar in Mallorca abgebrannt ist. Auch schön, es kommt eben alles so, wie es kommen muss. Ich denke viel darüber nach, wie es weiter geht und hoffe, die richtigen Entscheidungen zu treffen.

22.5.2003 – Nepal

Ich bin in Nepal und nehme an einem Ausflug zum Rafting teil. Die Fahrt mit dem Bus soll vier Stunden dauern. Nach zwei Stunden ist der Bus voll besetzt. Im Juni beginnt hier die Regenzeit, aber es hat die ganze Zeit schon geregnet. Die Straße führt steil hinab und ist an der Seite durch einzelne Betonblöcke begrenzt. Wenn hier etwas passiert, ist es aus.

Ab und zu liegen kleine, ärmliche Siedlungen an der Straße. Frauen klopfen Steine, auch die Kinder arbeiten. Es ist früh am Morgen, viele waschen sich an den zentralen Wasserstellen.
Meine Heimreise soll ich selbst organisieren. Mit einem Linienbus. Da bin ich gespannt. Nach weiteren zwei Stunden erreichen wir das Rafting-Lager. Ich bin der Einzige, der aussteigt. Zwei andere Teilnehmer aus Südkorea warten schon und wir unterhalten uns ein bisschen. Sie planen, heute Abend nach Kathmandu zurückzufahren und haben noch einen Platz frei. Heimreise gesichert. Zu acht starten wir mit unserem Raft und fahren den Tingus-River hinab. Nach einer Stunde gibt es Lunch. Wir essen Toastbrot und Käse und meine neuen südkoreanischen Bekannten haben ein paar Schalen mit Sushi mitgebracht. Etwa zehn Kinder im Alter von drei bis sieben Jahren versammeln sich um unser kleines Picknick und starren uns neugierig an. Ich starre zurück und wir tauschen ein Lächeln. Langsam verlieren sie ihre Scheu und kommen näher. Ich strecke ihnen ein Stück Sushi hin und sie reißen es mir aus der Hand. Dann fallen sie über den Müllkarton mit den Resten her. Ich bin schockiert und beschämt, denn ich habe immerhin schon zehn Stück Sushi gegessen und bin mehr als satt. Diese Kinder aber hungern. Ich frage unseren Guide nach ein, zwei Rollen Keksen für die Kinder, doch er verneint. Ich verstehe nicht und sage ihm das auch deutlich. Er meint, man dürfe den Kindern nichts geben, weil sie sonst jedes Mal dort wären. Ich verstehe nicht und ziehe mich erregt zurück. Nachdenklich über die extreme Situation schießen meine Gedanken hin und her. Mein Sohn, die Kinder, Hilfsmöglichkeiten, Unverständnis, Ohnmacht. Mir kommen die Tränen, und mir wird be-

wusst, welches Glück ich bis heute in meinem Leben hatte. Am Ende bekommen die Kinder dann den Karton mit den ganzen Resten. Sie schleppen ihn davon wie ein Hund seinen Knochen und drehen sich immer wieder um.
Viele, viele Kinder sehe ich hart arbeiten, Steine klopfen oder schwere Sachen tragen, wobei sie ein Band um die Stirn gelegt haben. Jedes zehnte Kind in Nepal stirbt und ich überlege, ob ich hier eine Einrichtung für Kinder errichten soll. Es gibt viel zu tun, und auch mit kleinen Dingen lassen sich schon Wunder bewirken. Ein Kindergarten mit kostenlosem Essen oder eine Grundschule für die ganz Armen wären in Nepal bestimmt bezahlbar. Au-

ßerdem könnte ich mich in dieses Land verlieben, die Menschen und die Natur sind einfach traumhaft.

23.05.2003
5.29 Uhr, mein Zimmertelefon klingelt: „Good morning, Sir, You are going mountain flight?“ „Yes I come in 15 minutes!“ Die Propellermaschine der Buddha Air hat sechzehn Sitzplätze, alle am Fenster. Der Flug ist ruhig und alle dürfen vom Cockpit aus Fotos machen. Eine Stunde später ist der Zauber vorbei. Gerne wäre ich noch etwas näher an den Mt. Everest geflogen, aber an dessen Rückseite ist ja schon China. Die Bergkette um den Everest besteht aus mehreren Sechs-, Sieben- und Achttausendern! Ich bin überwältigt.

23.5.2003
Ich besuche den Affentempel. Eine Treppe führt zum Monkeytempel hinauf. 365 Stufen, für jeden Tag des Jahres eine. Hier ist Buddha zuhause und wir gehen an unzähligen Buddhastatuen, Tieren und lebenden Affen vorbei. Es ist sehr warm, und ich trage ein ärmelloses T-Shirt, so dass meine farbigen Tattoos zu sehen sind. Damit falle ich auf. Den Leuten gefällt es. Die Menschen hier strahlen etwas Wunderbares aus. Ich kann es nicht genau deuten, aber sie wirken offen, warmherzig, einfach und liebenswert. Ich finde sie stark, stärker als mich selbst, und das, obwohl sie so wenig haben.

24.05.2003
Drei Wochen gehen zu Ende. Viele Impressionen und eine nachdenkliche Stimmung bleiben und werden mein Leben nachdrücklich beeinflussen.

Der Indienbesuch gräbt sich tief in mein Innerstes, auch jetzt wo ich diese Zeilen wieder lese. Ich sehe die Bilder, höre die Stimmen und fühle den Frieden der Menschen. Nichts wird mehr sein wie zuvor in meinem Leben. Dasein bekommt einen tieferen Sinn und mein bisher geführtes Leben erscheint mir als großer Irrtum, als Lüge. Es fühlt sich an wie ein Erwachen. Es ist die Rückkehr zum Leben. Die Heimreise zu mir selbst begann in Indien.

Wenn der Schüler bereit ist, tritt der Lehrer in Erscheinung.

EINE BEGEGNUNG, EINE FREUNDSCHAFT

Seit ich von Indien zurück war, ging mir vieles durch den Kopf. Wie anders die Leute doch dort leben. Mit welcher Armut sie tagtäglich konfrontiert sind, und doch sind sie zufrieden, ja vielleicht sogar glücklich. Denn ihre Armut ist offenbar nur materieller Art. Es gibt Hunger, es gibt Krankheiten, sicher. Doch all diesen Beobachtungen steht ein größerer geistiger Reichtum gegenüber. Sie schöpfen viel Kraft aus ihrem Glauben, unendlich viel Kraft, Hoffnung und Güte. Das war für mich Anlass, darüber nachzudenken, was ich eigentlich in meinem Leben tun wollte, wer ich sein wollte. Irgendwie hatte ich das Gefühl, das meine Sinne fehlgeleitet, mein Geist verwirrt war. Ich stand in einem schwarzen, kalten Raum, viele Türen, und alle verschlossen. Welche Klinke sollte ich drücken, was für eine Tür würde mich zum Licht führen. Nur eine konnte mir die Freiheit bringen, nur eine führte nach Hause. Was galt es zu tun?

Und dann überschlugen sich die Ereignisse. Im Juli flog ich mit Alice nach Thailand, um den im Internet ausgewählten Katamaran anzuschauen. Als wir dort ankamen, mussten wir feststellen, dass er nicht unseren Vorstellungen entsprach und einfach zu alt für unser Vorhaben war. Wir sagten dem Broker ab und bereiteten unsere Abreise vor. Doch so schnell gab er nicht auf und überredete uns, ein weiteres Boot anzuschauen. Nachdem wir nun schon einmal vor Ort waren, willigten wir ein. Er zeigte uns einen wundervollen Katamaran, den ich schon im Internet bewundert hatte. Es war Liebe auf den ersten Blick! Nur

der Preis entsprach nicht unseren Vorstellungen. Dennoch wir versuchten es. Die Verhandlungen begannen. Angebot und Gegenangebot wechselten einander ab und schließlich wurden wir uns einig. Alice und ich kauften gemeinsam unser Boot: GOODLIFE!
Danach galt es einiges zu regeln, und wir flogen zurück nach Mallorca. Ich verkaufte die Bar, mit der es viel Ärger gab, und trennte mich auch von meinem Boot. Dann reiste ich weiter nach Deutschland. Plante einen weiteren Trip

nach Österreich, um noch etwas Geld zu verdienen. Die Fensterwischer wurden wieder eingesetzt und letzte Firmenanteile verkauft. Im August unternahm ich dann eine Reise zum Neusiedler See, um Jacqueline zu besuchen, die zwischenzeitlich von Delhi dorthin umgezogen war. Ich fuhr mit dem Zug Richtung Wien und hatte eine Begegnung, die ich als Geschenk betrachte. Während der fünfstündigen Zugfahrt lernte ich eine asiatische Sängerin namens Sophia Latjuba kennen. Wir kamen ins Gespräch und fühlten eine gewisse Verbundenheit. Kurze Zeit später trafen wir uns in Wien. Eine ihrer ersten Fragen war die nach meinem Glauben und nach Gott. Ich kam ins Grübeln. Woran glaubte ich eigentlich? Gott war für mich immer weit weg, unerreichbar, und irgendwie hatte ich auch keine richtige Vorstellung von Gott. Mir schien das alles zu unrealistisch. Doch was ist schon real? Bei meinen bisherigen Überlegungen zum Glauben schien mir der Buddhismus noch am ehesten geeignet. Doch eigentlich hatte ich mich bisher wenig damit beschäftigt. Aber ich war offen und wissbegierig, verlangte nach mehr. Ich war bereit mich zu öffnen und die Wahrheit zu ergründen, wollte mir ein neues Weltbild verschaffen, mein Selbst erkunden und kennen lernen.

Wir tanzten eine Nacht hindurch wie in Trance. Am nächsten Morgen besuchten Sophia und ich eine Buchhandlung, wie ich sie noch nie vorher gesehen hatte. Die Bücher stapelten sich in alten Holzregalen bis unter die Decke. Dielen knarrten unter meinen Füßen. Sonnenstrahlen drangen durch antike Fenster und fielen durch den herumwirbelnden Staub. Eine Wendeltreppe führte uns ins Obergeschoss. Auch dort türmten sich Bücherwände. Alles schien unübersichtlich. Mein Blick streifte ziellos umher.

Ich wusste nicht, nach welchem Buch ich eigentlich suchte, als mich eine alte Frau mit hochgestecktem weißem Haar nach meinem Anliegen fragte. Ich offenbarte ihr meine Suche nach Glauben, etwas Höherem, nach einem Weg, nach der Wahrheit und war mir dabei selbst nicht sicher. Sie griff in das Regal und reichte mir nur ein Buch. Ihre einzige Empfehlung. Mehr nicht. „Gespräche mit Gott" stand auf der Umschlagseite. Ein Moment des Vertrauens durchzuckte meinen Körper und erreichte mein Herz. Ich hielt es in meinen Händen und wollte es nicht mehr hergeben. Ein Stein wurde damit ins Rollen gebracht und ich begann, Dinge zu lesen, die von solcher Wahrheit und Schönheit geprägt sind, dass ich es anfangs kaum zu glauben wagte. Doch alles in mir sagte mir, dies ist das Leben, das bist du. Eine neue Spiritualität zog in mir ein. Mein Leben und meine Sicht der Dinge wurden nachhaltig verändert. Ich fand, meinte ich, zum Universum zurück.
Sophia kehrte zurück nach Indonesien, und wir verloren uns aus den Augen. Doch diese Begegnung war kein Zufall, es war an der Zeit und ich war bereit. Dieses erste Buch war eine Offenbarung für mich. Ich lachte beim Lesen und weinte über viele einfache Erkenntnisse, die ich entdeckte. Vielleicht war ich aber auch einfach soweit. Bereit für einen neuen Abschnitt in meinem Leben. Viele andere Bücher schlossen sich an. Ich suchte weiter nach dem Warum und Weshalb und wurde fündig.
Und nun? Nun schreibe ich selbst. Versuche, meine Gefühlswelt in Worte zu fassen und mitzuteilen.

Das Leben macht nun einmal am meisten Spaß,
wenn wir uns dessen nicht bewusst sind.
(Tor Norretranders)

WAS WAR MIT MIR GESCHEHEN?

Alles in mir, alles was ich bin, begann zu leben. Es war, als würde mir neues Leben eingehaucht. Machtvoll, mit unvorstellbarer Tiefe und Kraft spürte ich es, wie ich es mir nie hätte vorstellen können. Es war, als ob man eine Hülle abstreifte und in neuem Licht erstrahlte. Ich wurde wie neu geboren. Ein Blinder wird zum Sehenden, ein Tauber kann wieder hören und ein Stummer beginnt zu sprechen. Ein Wandel, eine Veränderung trat in mir ein. Ich erwachte wie aus einem langen Tiefschlaf. Fühlte die Welt um mich herum. Begann mein Umfeld wahrzunehmen, zu beobachten und zu spüren. Die Tatsachen lagen vor mir und die wahre Gefühlswelt erwachte, breitete sich aus und offenbarte sich mir wie durch Zauberei. Nun hatte ich den Kniff raus, begann mich zu entgiften, schüttelte und reinigte mich von all den klebrigen und schattenwerfenden Gedanken und Einflüssen, die sich im Laufe der letzten Jahre auf meiner Seele festgesetzt und mich blockiert hatten. Es musste ein Alptraum für mich gewesen sein. Dieser Parasit, der mein Gehirn, ja der meinen Körper und Geist befallen hatte, dieses schleichende Phänomen hatte wirklich fette Jahre hinter sich. Jahre in denen er mich ungehindert manipulieren konnte und aus mir einen funktionierenden Menschen machte, gleich einer Maschine, die nur einem Zweck diente, nämlich das zu tun, was man ihr eingibt. Doch nun war die Zeit vorbei, neigte sich dem

Ende zu. Welch ein Glück! Was für eine Wohltat! Ich war zurückgekehrt zu mir selbst, das Universum offenbarte sich und ich fühlte all die wunderbaren Daseinsgründe. Ich konnte es riechen, fühlen, sehen, hören!
Es trieb mich hinaus. Hinaus zur Natur. Ich spazierte und ging an regnerischen Tagen durch Wälder und Wiesen. Ich ließ mich ins nasse Gras fallen, drückte meinen Körper gegen die Erde und breitete meine Arme aus. Ich haftete am Boden, und die erfrischende Feuchtigkeit drang zu mir. Ich spürte förmlich die Frische und das Leben auf der Haut, drückte meine Nase tief ins Gras, so dass sie fast im Erdboden verschwand und sog die erdige Luft tief in meine Lungen. Ich streichelte die Spitzen der Grashalme. Sie kitzelten auf meiner Handfläche und drangen bis ins Innere meines Körpers vor. Das muss das Leben sein! Ich hatte es gefunden. Diese Verbundenheit, diese Einheit. Wie im Mutterleib. Die Natur hatte mich überrascht – mit mir selbst. Wann hatte ich sie das letzte Mal gespürt? Mir fehlte die Erinnerung. In diesem Moment wurde ich wieder eins mit der Erde. Eins mit allem, was ist und war, fühlte mich eingewoben in das Geflecht des Universums. Was hatte dieses Erlebnis, diese Gefühle hervorgerufen? Was war mit mir passiert? Fragen tauchten auf, und ich begann, nach Antworten zu suchen, las Bücher und führte unzählige Gespräche mit Fremden und Freunden, erhielt einmalige Anregungen durch die intensive Wahrnehmung der Welt um mich herum. Und ich konnte einige interessante Wahrheiten finden.
Die wichtigste Erkenntnis war ich selbst. Es war die Beobachtung meines Ichs, welche über die Jahre die Macht übernommen hatte und mein Selbst unterdrückte. Mein Ich bestimmte mein Denken, meine Ziele und am Ende

mein Handeln. Dieses Ich hatte es geschafft, mein Selbst unter Kontrolle zu bringen und somit meine wahre Natur unter Verschluss zu halten. Es quälte und zwang mich in eine Rolle hinein, für die ich nicht geschaffen und geboren war. Heute weiß ich, das dies nicht meine Schuld war. Mein ganzes Leben lang wurde auf mein Selbst eingewirkt. Es wurde manipuliert, mit dem Ziel, meine Person in eine bestimmte Reihe einzugliedern und unter Druck oder Kontrolle zu halten. So wurde ich gesteuert und es funktionierte perfekt. Der Ausbruch gelang mir, als ich mich selbst in eine Grenzsituation brachte, so dass es zu einer Implosion kam. Der Zustand der seelischen Verwahrlosung, der Selbstaufgabe und des Funktionierens nahm ein Ende.

Stellt euch vor, ihr lauft durch einen Nebel und könnt die Hand vor Augen nicht erkennen. Ihr lauft und lauft, doch je weiter und schneller ihr lauft, desto dichter wird der Nebel, es gibt kein Zeichen, keine Richtung, keine Hilfe. Es erscheint aussichtslos. Schließlich, voller Erschöpfung gebt ihr auf, brecht zusammen und legt euren ausgelaugten Körper auf den Boden. Ihr denkt: „Das muss das Ende sein." Eure Augen schließen sich, und ihr beginnt zu träumen. Im Traum seht ihr nun all das, wonach ihr euch gesehnt habt. Über einer endlosen Wiese erstrahlt die Sonne, Blumen blühen und ihr Duft steigt in eure Nase, Vögel zwitschern und ein leichter, sanfter Wind umspielt euren Körper. Der Fluss des Atmens wird sichtbar und ihr erkennt, wie er direkt von den Bäumen in euren Körper fließt und euch so neues Leben einhaucht. Wasser plätschert und ihr hört das Geräusch des Lebens, fühlt die Verbundenheit mit allem. Ihr werdet neu geboren und seid frei.

Das Schönste ist, dass es gar kein Traum ist, sondern dass der Nebel, den ihr vorher gesehen habt, der Traum war.

Eure Gefühle sind erwacht, das getrübte Bewusstsein wurde verbannt und entlarvt. Ihr seid zu euch selbst zurückgekehrt. Der Alptraum, den das Ich über euch brachte, ist ausgestanden und ausgeträumt. Glückseligkeit, Einssein, Dasein.
Das Wertvolle und Bleibende an diesem Wandel ist, dass ihr ihn selbst vollzogen habt. Ihr seid erwacht, weil ihr erwachen wolltet. Ihr wolltet das sehen, was wirklich ist und habt gesehen, wer ihr in Wahrheit seid. Welch wertvolle und weise Entwicklung.
Wie ist es überhaupt möglich, dass es zu diesem Schlaf, zu dieser Verschlossenheit vor unserem Selbst kommt?
Es liegt an der Aufspaltung unserer Person in zwei Teile, in unser Ich und unser Selbst. Das Ich drängt sich in den Vordergrund und stülpt eine Lüge über das Selbst, hält es quasi unter Verschluss, um sich auszuleben und damit uneingeschränkte Macht über euer Leben auszuüben.

So müssen und werden wir erkennen, das wir nicht diejenigen sind, für die wir uns halten, sondern durch unsere kleine Gedankenwelt regiert und bestimmt werden. Das Ich hält uns gefangen, belügt uns und bringt uns so um unser Selbst. Unsere Aufgabe besteht nun darin, vorausgesetzt wir sind dazu bereit, Glück und Freiheit zu erfahren. Das Ich zu entlarven und wieder zurück zu uns Selbst zu finden. Unser Bewusstsein muss verstehen, was es in Wirklichkeit ist und somit den Weg nach Innen finden und somit den Weg zur Welt und deren Wahrheiten freigeben."
Hierzu stellt Tor Norretranders in seinem Buch „Spüre die Welt" folgende Beobachtung an: „Das Bewusstsein ist nicht sehr alt, aber im Laufe der wenigen tausend Jahre, in de-

nen es das menschliche Leben bestimmt hat, hat es unsere Welt vollkommen verändert. Es hat so viele Veränderungen bewirkt, dass es selbst Gefahr läuft, ein Opfer der Mechanismen zu werden, die es hervorgebracht haben. Das Bewusstsein gibt vor, die Simulation der Welt, die es erlebt, sei die sinnliche Wahrnehmung der Welt selbst; es gibt vor, was der Mensch erlebt, entspreche dem, was er wahrnimmt, und was er wahrnimmt, sei die Welt selbst. Deshalb ist ein Bewusstsein, dem nicht bewusst ist, dass es Bewusstsein und nicht die Welt ist, zur Gefahr für sich selbst geworden. Der Mensch besitzt die Fähigkeit, rasche Veränderungen in seiner Umgebung zu erfassen. Das Bewusstsein ist dazu entwickelt, dass es bestimmte Formen der Veränderung in der Umgebung gewahr wird. Es richtet sich auf die schnellen Wechsel, blinkenden Lichter und bekannten Gefahren.

Die Zivilisation aber, ein Produkt des Bewusstseins, ist im Begriff, eine ganz andere Form von Veränderungen zu bewirken, langsame, schleichende, globale Veränderungen wie das Aussterben von Arten und die Erosion der Umwelt auf dem Planeten."

Diese Erklärung spiegelt in etwa wieder, was mit mir passiert ist, nachdem ich in Wien war, das erste Buch gelesen hatte und mir selbst wieder bewusst wurde. Ein genialer Plan des Universums, denn so gelang es mir, auf meiner Suche fündig zu werden. In den nächsten Kapiteln will ich auf so wichtige Themen, wie Wahrheit, Liebe, Angst und Seele eingehen und meine Gedanken und Erkenntnisse darüber mitteilen. Wenn ich euch auch nur ein klein wenig helfen kann, zurück zu eurem Selbst zu finden, dann ist das eine große Freude und Ehre für mich. Wir sind alle eins und die Trennung zwischen uns und der Welt, die Ansicht: wir sind hier und das ist dort, ist ein fundamentaler Fehler, welcher den Nährboden für Angst, Unruhe und Einsamkeit bildet.

„Der wahre Wert eines Menschen ist in erster Linie dadurch bestimmt, in welchem Grad und in welchem Sinn er zur Befreiung vom ICH gelangt ist."
(Albert Einstein)

ICH

Das ICH, von dem wir regiert.
Gepeinigt und eingezäunt.
Allmählich seine Kraft verliert,
und die gewohnte Stelle räumt.

Jahrzehnte, Irrwege und Einsamkeit.
Kriege, Tod und Angstgefuhl.
Endlich fruchtet, was so lang gekeimt.
Blaue Pferde, wie einst am Nil.

Reifer Apfel, ich seh mich selbst.
Voller Schönheit, fließt es dahin.
Wahrheit allen Lebens,
Innen, außen und mittendrin.

Kein Drücken, Stechen, Bohren.
Nur die Glückseligkeit.
Mit allem, niemand auserkoren.
Bis in alle Ewigkeit.

Wenn wir erst einmal fühlen, dass wir alle eins sind,
dann gibt es kein Halten mehr und die Welt ist gerettet.

WIR SIND ALLE EINS!

Diese Erkenntnis brachte mich in neue Dimensionen. Es veränderte mein Denken, meine Sicht der Dinge und mein Mitgefühl. Ich erfuhr keine Bewusstseinserweiterung, sondern eine Bewusstseinsveränderung. Wir alle haben von physikalischen und chemischen Zusammenhängen gehört, und mussten sie vielleicht auch in der Schule lernen, doch die Theorie, dass wir alle eins sind, hat mich angespornt, nach Beweisen zu suchen. Ich wurde fündig und ein anderes Verständnis zu unserem Planeten entstand, das von physikalischen, wie philosophischen Erkenntnissen getragen und unterstützt wurde. Alles was ich sehe und wahrnehme, sind Phänomene. Wir nehmen sie als Erscheinung und Objekt wahr, und doch sind sie nicht das, wofür wir sie halten. Nichts steht still. Im Universum befindet sich alles in ständiger Bewegung und unterliegt der permanenten Veränderung. Alles verändert sich, und das jede Sekunde.

Wenn es wahr ist, und sich alles, quasi vor unseren Augen, wandelt und in unseren Händen zerrinnt, welchen Sinn macht dann noch Besitzstreben? Denn dann können wir nichts wirklich besitzen. Es ist Einbildung und eine Lüge, die wir leben und auf die wir unser Verhalten ausrichten. Wenn wir dies erkennen und in unsere ständigen Beobachtungen und Bewertungen einbeziehen, dann werden wir Menschen sein, wie Gott sie erschaffen hat, voll von Selbst und Weisheit. Die Angst wird weichen und Friede und Glück werden einkehren. Wie von selbst werden wir im Einklang mit allem stehen und unerschütterlich sein. Am Anfang stand die These, dass wir alle eins sind, der ich folgte. In den Erkenntnissen der Physik finden sich die Beweise dafür. Der Körper steht in ständiger Wechselwirkung mit der Umgebung. Wir essen, trinken und geben Materie in den Kreislauf des Lebendigen ab. Im Laufe von nur fünf Jahren werden so gut wie alle Atome des Organismus ausgetauscht, die meisten sogar viel häufiger. Identität, Körperstruktur, Aussehen und Bewusstsein bleiben, die Atome aber kommen und gehen.

Das Gefühl individueller Kontinuität ist gewiss eine Realität, doch es ist nicht materiell begründet. Materielle Kontinuität gibt es nur in einem größerem Kreislauf.

Wenn alle Atome im Laufe von fünf Jahren ausgetauscht werden und der Körper nur ein Muster in einem größerem Strom ist, welchen Sinn hat es dann, zwischen sich selbst und dem Rest dieses lebenden Organismus so scharf zu unterscheiden?

Wenn alle fünf Jahre so gut wie alle Atome ausgetauscht werden, bedeutet das dann nicht, dass du eines von mir haben könntest und ich eines von dir? Vielleicht sogar mehrere? Wir nehmen also durch unsere Sinnesorgane Phänomene wahr, welche aus Atomen bestehen und eine bestimmte Form annehmen. Doch Atome sind in ständiger Bewegung und schießen aus unserem Körper heraus, um kurz darauf anderswo wieder einzutreten. Bemerkenswerte Beobachtungen. Sicher spielt jedes Phänomen eine spezielle und in Gestalt zu beobachtende Rolle, doch es wird nie so bleiben wie es ist. Es wird sich verändern und das ist eine unerschutterliche Wahrheit über unser Universum und uns selbst.

Gerne gebe ich mich dem Gedanken hin, das wir alle eins sind. Untrennbar miteinander verbunden, untrennbar mit allem was existiert. Nichts existiert für sich allein und aus sich selbst heraus, sondern wir alle existieren in Abhängigkeit von etwas oder einem oder allem anderen. Dies erklärt auch, warum die Denk- und Verhaltensmuster, in denen wir leben, nicht funktionieren. Wenn wir es glauben, ja sogar erreichen, dass wir alle eins sind, würde dies bedeuten, dass alles, was wir anderen antun, auf uns zurückfällt. Wir tun es uns somit auch selbst an. Daraus erklärt sich, warum eine Welt voller Liebe und Mitgefühl der einzige Weg zu dauerhaftem Glück ist. Denn durch Gewalt, Krieg, Neid, Eifersucht und Gier, womit wir versuchen, anderen zu schaden, tragen wir letztendlich nur dazu bei, uns selbst zu zerstören.

Physikalisch gesehen werden alle diese Thesen erklärt, unterstützt und somit unausweichlich real und wahr, vorausgesetzt, man ist bereit, sie zu sehen. Es gibt keinen Grund, außer eigener Unwissenheit, Überheblichkeit und dem schlichtem Leugnen der Realität. Wenn wir es nun aber wissen und damit, was noch wertvoller ist, auch leben und in unsere alltäglichen Gedanken einbetten, kann es sich manifestieren und wir leben im Reich der Wahrheit. Und damit erheben wir unserer Selbst. Glaube ist sehr machtvoll, doch Wissen ist noch machtvoller. Denn wer die Wahrheit über eine Sache kennt, braucht nicht mehr zu glauben, dass sie wahr ist. Er weiß es.

Um die Einheit von uns allen physikalisch zu verstehen, müssen wir uns kurz mit Makrokosmos und Mikrokosmos beschäftigen, wobei ich die einfachen Erklärungen bevorzuge. Hierbei wurde ich durch das Buch „Quantum und Lotus“ inspiriert und fand interessante physikalische Beob-

achtungen. Mikrokosmos, welcher auch die kleinsten Teilchen im Universum definiert, formt den Makrokosmos, der von uns sichtbar wahrgenommen wird. Des weiteren besteht Makrokosmos aus Mikrokosmos. Beide sind also wesensgleich. Im schweizerischen Genf wurden wissenschaftliche Versuche mit einem Photonenpaar (Lichtpartikel, ohne Masse und Ladung, das sich immer mit Lichtgeschwindigkeit, 300.000 km pro Sekunde bewegt) durchgeführt.
Der Schweizer Nicolas Gisin führte 1998 mit seinen Mitarbeitern folgendes Experiment durch: Das Photonenpaar wurde getrennt und ein Photon in den Norden von Genf, das andere in den Süden geschickt. Die beiden Messstationen lagen zehn Kilometer voneinander entfernt und am Ende des optischen Kabels musste sich das Photon für einen bestimmten Weg entscheiden. Einer der Wege war kurz, der andere lang. Hierbei wurde festgestellt, dass die Photonen in ausnahmslos allen Fällen dieselbe Wahl trafen. Einmal wählten sie den längeren, eine anderes Mal den kürzeren Weg. Doch in allen Fällen fiel die Entscheidung der beiden Photonen gleich aus. Informationen konnten nicht ausgetauscht werden, auch nicht mit Lichtgeschwindigkeit, denn die zeitliche Differenz zwischen den Entscheidungen betrug weniger als drei Zehntelmilliardstel einer Sekunde. Doch in diesem wahnsinnig kleinen Zeitraum hätte das Licht höchstens neun Zentimeter zurücklegen können. Die beiden Photonen waren aber zehn Kilometer voneinander entfernt. Die klassische Physik nimmt an, dass die Entscheidungen von beiden Photonen unabhängig voneinander erfolgten, da diese ja nicht kommunizieren konnten. Doch mittlerweile ist deutlich, dass dies nicht stimmt. Nimmt man hingegen an, dass beide Teilchen zu einer Wirklichkeit gehören, in der alles miteinander verbunden

ist, wie groß auch immer die Distanz sein mag, die sie räumlich trennt, dann ist dieser Effekt geklärt. Es muss kein Signal übermittelt werden, denn die beiden Lichteilchen bleiben immer miteinander in Verbindung – nur auf welche Weise, ist noch nicht bekannt.

Wo auch immer A sein mag, gehört es zur selben Realität wie B. Somit zerstört die Quantenmechanik jede Vorstellung von Lokalität. Sie verleiht dem Raum eine nie da gewesene Ganzheitlichkeit. Die Idee eines „Da“ oder „Dort“ verliert vollkommen ihren Sinn. Da und Dort sind identisch. Physiker bezeichnen dies als Nichseparalität.

Doch nicht nur im Mikrokosmos sondern auch im Makrokosmos wurden physikalische Beweise gefunden und erkannt. „Dies“ kann nur bestehen, wenn „Jenes“ besteht. „Dies“ kann sich nur verändern, wenn „Jenes“ sich verändert. So nähert man sich langsam der Erkenntnis an, dass auf die eine oder andere Weise alles miteinander in Verbindung steht. Aus diesen Beziehungen besteht unsere Realität. Sie bestimmen die Bedingungen unserer Existenz, die der Teilchen und der Galaxien.

Ich halte viel von der Wahrheit der Einheit. Stellen wir uns einfach vor, wir alle sind eins. Es ist leicht sich dies vorzustellen. Nehmen wir einen Stein von sagen wir drei Zentimeter Durchmesser. Auf den ersten Blick scheint dieser Stein etwas Lebloses zu sein, ein Stück, welches sich nie verändert und vielleicht sogar in Hunderten von Jahren noch so aussieht wie heute. Betrachten wir uns jedoch den Stein genauer, und Wissenschaftler haben dies getan, dann wissen wir, dass dieser Stein Millionen und Abermillionen von Teilchen, Atomen, enthält und in seinem scheinbar starren Inneren ständig in Bewegung ist. Untersuchen wir ihn genauer, dann können wir diese Bewegung sichtbar machen und erkennen, dass diese Millionen von Teilchen sich zu einem Stück vereint haben, die nur mit roher Gewalt zu zerstören sind, oder aber über Jahrhunderte durch Wind, Wetter und Wasser verändert werden. So ist dieser Stein in Wahrheit ein außergewöhnliches Phänomen, das für eine bestimmte Zeit einem Platz und eine Funktion in unserem Universum einnimmt.

Jetzt lässt sich dies auch in größere Dimensionen fortsetzten. Viele von uns haben schon Bilder aus dem Weltall gesehen. Von dort sieht unsere Erde wie ein großer runder Stein aus, der durchs All schwebt. Doch wenn man die Erde genauer unter die Lupe nimmt, stellt man fest, das sich Millionen und Abermillionen Lebewesen dort bewegen und dieser Planet alles in sich vereint. Nichts ist zu trennen und alles gehört zusammen. Nur mit Gewalt oder über Jahrhunderte wird sich etwas Gravierendes ändern, so dass diese Lebewesen zerstört werden. Doch selbst dann bewegen sich die kleinen drei Zentimeter großen Steine weiter und wir ... tja, wer weiß?

Vergrößern wir das Ganze, dann sehen wir das Sonnensystem und das Universum, welches sich unendlich darstellt und den Raum zur absoluten Größe offen lässt, und damit unsere Phantasie anregt.

Wenn dies der Wahrheit entspricht, dann sind wir alle eins und es gibt keinen Grund, jemanden zu belügen und wehzutun oder irgendetwas zu zerstören, denn tun wir dies, würden wir uns selbst das Gleiche antun.

Einstein äußerte hierzu: „Der Mensch ist ein Teil des Ganzen, das wir Universum nennen, ein Teil, der in Zeit und Raum begrenzt ist. Er erfährt sich selbst, seine Gedanken und seine Gefühle, als wären sie von allen anderen getrennt. Doch dies ist nichts weiter als eine optische Illusion seines Bewusstseins. Dieses Bewusstsein ist wie ein Gefängnis für uns, weil es uns fest an unsere persönlichen Wünsche schmiedet und uns zwingt, unsere Zuneigung jenen vorzubehalten, die zu unserer unmittelbaren Umgebung gehören. Unsere Aufgabe sollte es sein, uns aus diesem Gefängnis zu lösen, unser Mitgefühl soweit auszudehnen, das es alle lebenden Kreaturen auf der Erde und die ganze Natur in all ihrer Schönheit umfasst."

Wir sind also nicht allein mit dem Aufruf nach Einheit und Einssein. Sowohl Physiker als auch Philosophen haben sich dieser Wahrheit angenommen und sehen sie als bewiesen und einzige Basis für ein verantwortungsvolles Denken und Handeln. Heute und auch in der Zukunft liegt es an uns, zu entscheiden. Was denken wir? Was fühlen wir? Was werden wir in Bezug auf die Wahrheit und im Geflecht des Universums verstehen, und welche Taten werden dem folgen? Wir alle sind frei. Gott hat uns so geschaffen. Wir sind etwas Großartiges und als Mensch mit einem Bewusstsein ausgestattet, das es in dieser Form nur einmal auf diesem Planeten gibt. Doch es wird dem Ganzen nur von Nutzen sein, wenn wir erkennen, was in Bezug auf unser Universum wahr ist und welche besondere Rolle wir übernommen haben. Bringt das Bewusstsein dazu, sich darüber bewusst zu werden, dass es nicht das ist, was es vorgibt zu sein, dann wird die Einheit wieder hergestellt.

„Zuerst erfinden wir ein „ICH" dem all unser Streben gilt.
Dann ersinnen wir das „MEIN" und trachten nach mehr und mehr.
Wie das Wasser das Mühlrad treibt, so werden auch wir machtlos –
immer im selben Kreislauf getrieben.
Daher verneige ich mich vor dem Mitgefühl,
das unterschiedslos alle Wesen umfasst."
(Chandrakirti)

Glück ist kein Traum,
sondern befindet sich hinter den Mauern,
welche wir selbst errichtet haben.

GIBT ES EINEN SCHLÜSSEL ZUM GLÜCK?

Wir alle streben danach, glücklich zu sein. Jeder Einzelne, egal welchem Aussehen oder Alter oder Geschlecht er oder sie auch immer angehören mag, strebt nach dem Glück. Ja, ich glaube, das dies wohl der sehnlichste Wunsch allen Lebens auf unserem Planeten ist. Doch das Gefühl Glück hat sich im Laufe der Menschheitsgeschichte stark gewandelt und wird heute als sehr ich-bezogen empfunden und dementsprechend auch erlebt. Obwohl ich bereits durch Gespräche den Eindruck gewonnen habe, wir befinden uns auf einer Kreuzung, an der die Würfel neu fallen könnten, ist das Ich-Glück wohl immer noch weit verbreitet und bestimmt die Gesellschaft und das Handeln der Menschen. Wir kaufen Autos, bauen Häuser, horten Geld und gehen einkaufen, um glücklich zu sein. Doch bei genauer Betrachtungsweise ist diese Art des Glücks nicht von langer Dauer. Meist entschwindet das Glücksgefühl, das wir so ersehnt haben, nach ein paar Tagen, ja, vielleicht sogar nach Stunden. Nicht selten wird das ursprünglich geplante Glück zur Belastung, und wir müssen sogar einen Teil unserer Freiheit opfern, um das Eingerührte am Kochen zu halten. Die Leasingrate wird zur Belastung, die Bankzinsen fressen ein Loch in das Budget der Haushaltskasse, oder die Sicherheit, die wir für unsere spätere Altersvorsorge erdacht und gewünscht haben, belastet unser jetziges Leben und führt zu Einschränkungen.

Wir erwerben oder erleben auch viele kurzfristige Glücksbringer, nur um das Gefühl Glück zu haben. Doch schon bald darauf beginnt die Jagd nach Glück von vorn. Werbung und Medien glauben zu wissen, was uns glücklich macht und überfluten uns mit Lösungsvorschlägen.
Doch was können wir tun, um diesem Kreislauf des flüchtigen Glückes zu entkommen? Wie viele Entbehrungen müssen wir in Kauf nehmen, nur um am Ende festzustellen, dass sie uns doch nicht glücklich gemacht haben. Ein Teufelskreis, der nur enden wird, wenn wir uns selbst die Frage nach dem Schlüssel zum Glück stellen? Was macht uns dauerhaft glücklich? Was?
Wenn wir dauerhaft glücklich sein wollen, ist es nötig, den Bereich der Oberflächlichkeit zu verlassen und in unser Innerstes zu schauen. Zu unseren wahren Gefühlen, die den Weg kennen und nur darauf warten, von uns wieder entdeckt und ausgegraben zu werden.
Für das Erlangen des dauerhaften Glücks sollten wir die Vordergründigkeit der materiellen Dinge erkennen und den Worten Liebe, Wahrheit und Mitgefühl mehr Aufmerksamkeit zukommen lassen und uns von krank machenden Gedanken, die nur auf unserer eigenen Angst gründen, frei machen. Jede Lüge, jede gewaltsame Handlung, jeder unrechte Gedanke und jedes Vorurteil gegen andere Lebensformen und Meinungen ähnelt einem giftigen Pfeil, den wir abschießen und der sich am Ende gegen uns selbst richtet und so für unser Unglück verantwortlich ist. Auch wenn es vielleicht hart klingen mag, unser Unglück sind wir selbst.
Doch das Gute ist, dass alles, was wir zum Erlangen dauerhaften Glücks brauchen, schon vorhanden ist, auch wenn es von anderen, scheinbaren Wahrheiten überlagert und

somit für uns beinahe unsichtbar ist. Somit ist es an uns, darauf zu achten, was in Bezug auf das Leben und unsere Umwelt wirklich funktioniert. So können wir schon bald die Lösung finden.
Noch kein einziger Mensch ist mit dem Erleben von Angst, Hass, Neid oder durch den Besitz von Geld wirklich anhaltend glücklich geworden. Damit machen wir uns nur etwas vor. Suggestionen beeinflussen unser Bewusstsein und bringen uns somit in seelische Zwänge. Wir beginnen damit, uns selbst zu belügen und danach alle anderen – die Familie, die Freunde, die ganze Welt.
Die einfachen Weisheiten des Dalai Lama haben mir persönlich sehr geholfen, meine Gedanken neu zu ordnen. Er ist ein großartiger Lehrer und gilt als Vorreiter unserer Zeit. Wenn wir erkennen, wo Glück wirklich entsteht, können wir schlussfolgern, dass wir selbst der Schlüssel zum Glück sind – zuerst für uns und letztendlich für alle Menschen um uns herum. Denn unsere eigenen Wahrheiten werden wir nach außen hin in Form von Worten und Taten manifestieren und somit unsere Umwelt beeinflussen. Wenn sich jeder Einzelne ändert, kann und wird sich die ganze Welt ändern.
Denn unsere Gedanken, in welche Richtung auch immer ausgerichtet, sind Energie, die sich in Form einer Veränderung nach außen richten und somit entscheidet jeder für sich, wie und auf welche Art er morgen leben wird. Jeder einzelne bestimmt, wie sich uns die Welt morgen zeigt. Alles liegt in unserer Hand.
Einigen wird das hier vielleicht etwas zu spirituell klingen. Doch das Geheimnis zu einer besseren, friedvollen Welt und damit auch der Schlüssel zum Glück eines jeden liegt im Spirituellen. Es ist eine neue Art von Spiritualität.

Dabei geht es darum, zu erkennen, was funktioniert und wer wir wirklich sind. Erkenntnis um Erkenntnis gehen wir voran und drehen den Schlüssel, der uns das Tor zu einer wunderbaren Welt öffnet.

Ein lang anhaltender Traum kann schließlich wahr werden. Die Energien werden stärker und nehmen Einfluss auf den Lauf der Dinge. Es gibt genügend Beispiele auf der Welt, bei denen dies auch in einer anderen Richtung funktionierte. Kriege konnten nur stattfinden, weil es eine Bereitschaft zum Töten gab oder jemand etwas haben wollte, was ein anderer besaß. Viele Menschen unterstützten diese Entwicklung und ein Krieg war beschlossen.

Menschen sterben nur an Hunger, weil wir es zulassen und keinen Weg, ihnen Nahrung zu geben, finden wollen. Stattdessen verfallen wir in geschlossenes Schweigen und nehmen diese Tatsache hin, obwohl wir sie als Unrecht erkennen. Kinder haben nur Angst zu versagen, weil wir ihnen sagen, dass sie versagen können. Auch dies ist nur ein Spiegel der Gesellschaft.

Der Schlüssel zum Glück wird sich nur drehen, wenn wir ihn drehen wollen, unsere Seelen jubeln lassen und bereit sind, unseren Geist zu entgiften.

Unsere Seele ist der Schlüssel zur Wahrheit, das Tor zur Liebe, nie endendes Mitgefühl und reinstes Glück.

WAS VERLANGT DIE SEELE?

Die Seele könnte man als unser wahres Selbst bezeichnen. Sie ist der Gegenspieler unseres oberflächlichen Ichs. In unseren Seelen liegen Wahrheit, Liebe und Mitgefühl. Das ist es, wonach wir uns sehnen und unsere Seele in so mancher nachdenklichen, romantischen oder einsamen Stunde sprechen lassen. Sie sagt uns, wer wir wirklich sind. Von unserer Seele können wir das Geheimnis unseres Glücks erfahren und Liebe spüren.

Jeder, der schon einmal verliebt war, kennt dieses Gefühl, wenn sich alles um einen herum verändert, wundervoll und leicht erscheint. Man sucht nach Lösungen und bemüht sich mit aller Kraft, dieses Gefühl zu erleben, auszuleben und nie wieder zu verlieren. Alles fühlt sich ehrlich, wahrhaftig und extrem lebendig an. In dieser Zeit sind wir wirklich wir selbst und lassen es zu, dass unsere Seele uns glücklich macht. Wir lassen sie sprechen und hören auf ihre Stimme. Sie tut das übrigens gerne, denn dadurch erinnert sie uns daran, wer wir wirklich sind. Ich wünschte mir, dieses erhebende, erhabene Gefühl würde niemals aufhören und wäre bereit, alles dafür zu geben – auch mein Leben.

Es ist ein spiritueller Befreiungsschlag, der uns so ergreifend trägt und zu unseren Gefühlen zurückkehren lässt. In diesem Zustand möchten wir für alle Ewigkeit verharren. Dass dies meist nicht möglich ist, liegt an dem großen Gegenspieler unserer Seele, unserem Ich, den Gedanken. Beeinflusst von unserer Umwelt erhalten sie jeden Tag gewisse Eindrücke von dieser Welt, die bewusst oder auch unbewusst aufgenommen und gespeichert werden. Gedanken verbreiten Ängste und es entstehen viele Ereignisse auf dieser Welt, die wir nie aus unserem Innersten heraus verstehen werden. Menschen lügen, betrügen, hassen und töten. Gedanken blockieren, verdrehen und entstellen uns, denn eigentlich streben wir doch alle nach Glück und wollen negative Dinge vermeiden. Doch anstatt unserer ersten oder eigentlichen Wahrheit Gehör zu verschaffen, suchen wir nach anderen, nennen wir es Ersatzwahrheiten, um unser belastetes Gewissen zu beruhigen. Doch die Seele läßt sich nicht hinters Licht führen oder abtöten, und so finden wir keine Ruhe, was immer wir auch tun. Unsere Seele ist unser ständiger Begleiter und steht selbst dann noch zu uns, wenn wir schon am Boden liegen. Genau darin liegt unsere Chance, ja, man könnte die Seele und ihr Verlangen sogar als Lösung all unserer Probleme betrachten. Wäre es nicht schön, auf einer Welt voller Liebe und Mitgefühl zu leben, in der es keine Lügen und keine Angst mehr gäbe? Die damit verbundenen Schmerzen und Kriege wären ausgerottet und alle Menschen lebten miteinander und träfen Entscheidungen zum Wohle aller. Es gäbe keine Gewalt oder krankhafte Gier, denn jeder hätte alles, was er zum Leben bräuchte. Niemand müsste Hunger oder Durst leiden oder an einer heilbaren Krankheit sterben, nur weil er arm wäre. Die Grundbedürfnisse aller Menschen wären befriedigt und das nicht etwa, weil es sich eine Person in Form von Arbeit oder günstiger Geburt besonders verdient hätte, sondern weil wir jedem geben würden und auch geben wollten.

Nur wenn wir jedem das geben, was er braucht, werden wir glücklich sein und unsere Seele wird jubeln. Glück-

lich und liebevoll durch Geben. Eine schöne Welt, die wir uns erschaffen können. Jeder kann zu sich selbst zurückfinden, weil er sich nicht um die Erfüllung seiner Grundbedürfnisse kümmern muss, nicht gezwungen ist, genug Geld für Nahrung, Kleidung oder Unterkunft zu verdienen. Es sollte uns ein Bedürfnis sein, dies für jeden Menschen zu erfüllen, denn die Möglichkeiten dazu wären vorhanden. Wir müssen es nur tun ...
Doch die Ängste dieser Welt lassen uns noch erstarren. Wir haben keine Zeit für unsere Seele, unterdrücken sie, so oft und gut wir können, selbst wenn wir dabei unglücklich werden. Warum eigentlich? Ist es der Einfluss der Umwelt, unserer Freunde oder liegt es an den Medien, die Morde und Kriege zur Hauptberichterstattung machen? Vielleicht liegt es auch an flachen Fernsehsendungen, die das Volk beschäftigen und bei Laune halten. Aber sind wir nicht intelligente Wesen? Wollen wir nicht heraus aus dieser Sackgasse?
Ich glaube, ja. Wir stehen an einem Tor, wollen zurück zu unseren Gefühlen, wollen das Leben und uns spüren, wollen lieben und geliebt werden. Aus meiner Erfahrung kann ich berichten, dass alles mit einer kriechenden, kaum wahrzunehmenden Unzufriedenheit begann und das, obwohl ich doch offensichtlich alles hatte, zumindest nach Ansicht der meisten. Ich hatte eine Familie, mit der ich mir schöne Urlaube leisten konnte, hatte Firmen, Geld und Autos vorzuweisen, eben alles, worauf so häufig hin gearbeitet wird. Trotzdem wurde ich mit meinem Leben unzufrieden und stellte alles in Frage, begann zu analysieren und nachzudenken. Es war unbedingt erforderlich, die Wahrheit zu erkennen und mich nicht länger zu belügen. Die Wahrheit waren in diesem Falle meine Gefühle und die Sehnsucht nach Freiheit und Liebe.

Doch wie sieht das Leben meistens aus? Der Tagesablauf ist gezeichnet von Arbeiten, Einkaufen und Fernsehen, und jegliches Streben richtet sich danach, etwas aufzubauen und stolz darauf zu sein. Es geht nur darum, immer mehr haben zu wollen, und Materielles oder Erfolge stehen auf der Wunschliste ganz oben. Ihr fragt jetzt vielleicht, was daran schlecht sein soll, nun, das ist es sicherlich nicht, solange es der Wahrheit entspricht und wiederspiegelt, wer wir wirklich sind. Doch tut es das? Mit all den Äußerlichkeiten zeigen wir nicht, wer wir wirklich sind, sondern sie sind nur ein Spiegelbild unserer beeinflussten Gedankenwelt. Das sind nicht wir selbst, die dies alles tun.

Deshalb ist es wichtig, dass wir erkennen, was uns wirklich glücklich macht, unser wahres Selbst. Wenn wir das wissen, können wir die Sache weiter verfolgen. Um unser eigenes Selbst zu erforschen, brauchen wir Mut und Neugier. Dazu soll dieses Buch auffordern und einen Beitrag leisten. Was kann denn schließlich schon Schlimmes passieren? Es ist wichtig, dass wir alles ausleben und auch anderen mit unserem Handeln helfen. Sollte das nicht möglich sein, dann wollen wir ihnen zumindest nicht schaden.

Wenn wir uns verändern wollen, müssen wir zunächst fühlen und dann den Mut finden, unserer Seele das zu geben, wonach sie verlangt. So kann jeder einzelne, der seine Seele zeigt und auslebt, zu einem Boten werden und damit die Welt verändern. Durch dieses Bild werden auch andere die Welt neu betrachten und sich zum Positiven entwickeln. Ich wünschte, es würde zu einem Volksverlangen werden, einfach nur Gutes zu tun, denn die Welt wird darauf reagieren. Wir werden alle zu Glücksbringern, werden geliebt und steigen so in eine andere Dimension auf.

Wenn wir uns alle – jeder einzelne – selbst wiedergefunden haben und unser Innerstes zum Sprechen gebracht haben, wird es so weit kommen. Es ist Zeit, dass wir wieder wir selbst sind. Schöne alte, neue Welt! Gebt es euch, seid es euch wert! Liebt, achtet und lebt eure Gefühle!

Liebe ist immer angebracht.
Sie werden Liebe in diesem Leben brauchen.
Lieben wir, so gibt es Hoffnung auf echte Familien,
echt Brüderlichkeit, echten Gleichmut und echten Frieden.
Wenn wir wollen, dass die Menschheit glücklich lebt,
ist Liebe der einzige Weg.
(Dalai Lama, in einer Ansprache 1980)

DIE KOSTBARE LIEBE

Ich bin hier in einem Hotelzimmer in Kuala Lumpur und kann nicht schlafen. Seit drei Stunden liege ich im Dunkeln und denke nach. Es könnte der Jet-lag sein, doch ich weiß, es spricht die Liebe zu mir. Sie hat mich berührt, ist aufgetaucht aus einer Begegnung. Eine neue Liebe. Wer kennt das nicht? Das ganze Leben scheint durcheinander. Alles andere scheint vergessen und man ist nur noch aufgeregt, beginnt nachzudenken; der Körper bebt und das Herz klopft. Festhalten, man will das so berauschende Gefühl nicht verlieren! Schlaflos und rastlos ziehen wir umher, bis wir der Liebe endlich wieder ins Auge blicken. Für die Liebe wurde betrogen und getötet, Kriege wurden geführt, doch zu welchem Preis? Sollte auch ich dafür alles erneut in Frage stellen? Was würde aus meinen Abenteuern, der Weltreise, der wieder gewonnenen Freiheit, aus mir selbst werden? Würde ich damit die Liebe retten? Nach reiflichen Überlegungen kam ich zu dem Schluss, ich sollte nicht mein ganzes Leben, für das ich mich aus freien Stücken entschieden hatte, hinwerfen. Manchmal ist es nur einfach nicht der richtige Zeitpunkt, nicht der richtige Ort. Das mag vielleicht etwas traurig klingen, aber es ist wahr. Ich suche nach mir selbst, nach Wegen und Lösungen und muss ehrlich zu mir selbst sein, darf mich nicht verleugnen. Auf dem Weg zu mir selbst, zur Liebe in mir, möchte ich den Menschen in mir aufspüren, den ich so lange gesucht habe. Auf diesem Weg kann man sich verlieben und sollte alles daran setzen, die Liebe auszubauen, um sich gemeinsam zu neuen Höhen aufzuschwingen. Doch sollte man das um jeden Preis tun? Auch wenn man sich selbst dabei aufgäbe? Was wäre ich, ohne die Liebe zu mir? Was könnte ich dann noch geben? Alles wäre zerstört. Liebe kann nur von Dauer sein, wenn man vorbehaltlos liebt, denn niemand kann lieben, wenn er sich selbst verraten muss, um dem anderen gerecht zu werden. Es gibt viele Beispiele für Beziehungen, in denen ein Partner die Richtung weist und erwartet, dass der andere folgt. So können wir aber nie erfahren, wer wir wirklich sind, sondern leben die Gedanken eines anderen. Doch wir können nur dann Liebe geben, wenn wir uns selbst lieben. Alles andere ist Heuchelei und verbaut uns jegliche freie Entfaltung, ja macht sie sogar unmöglich. Sobald wir uns selbst einfrieren und die Gedanken eines anderen zu eigen machen, nehmen wir uns die Möglichkeit der Selbstfindung. Wir leben nicht mehr uns selbst, sondern projizieren die Gedanken eines Anderen auf uns und unsere Umwelt. Dies gilt im besonderen für Partnerschaften, trifft aber auch auf andere Lebensbereiche in gleichem Maße zu. Bei allem was wir tun, sollten wir darauf achten, das wir es wirklich mit Liebe tun, und nicht etwa scheinheilig gefallen wollen um die Liebe eines Anderen zu empfangen. Warum sonst sollten wir auf der Welt sein? Wir müssen uns selbst erkennen und zu dem werden, was wir wirklich sind. Nur dann werden wir glücklich, vollkommen, werden göttlich sein. Reinste Liebe. Was kann es Schöneres geben? Habt keine Angst, eurem Herzen zu vertrauen! Selbst wenn wir scheitern sollten, wird uns vergeben sein, ehe wir darum bitten. Denn wir sind frei, zu entscheiden und zu wählen wer wir sein möchten. Liebe ist stark und kann die Welt verändern. Wir werden aus Liebe geboren und alles, was wir sind, ist Liebe. Wähle vorbehaltlose Liebe! Mache das Gefühl Liebe nicht abhängig von einer Eigenschaft, einem Umstand, einem Ereignis, einem Ding oder einer Person. Wahre Liebe zeigt sich auch in der Liebe zu deinem Feind. Zeige uneingeschränkt Mitgefühl und sei bereit, zu vergeben. Erwarte nichts von deiner Liebe, dann wird sie für immer zu dir gehören und nichts kann sie jemals zerstören. Liebe bedeutet, Freiheit zu geben. Liebe bedeutet, du selbst sein und andere sie selbst sein lassen.

Die Zivilisation ist eine Verschwörung ...
Das moderne Leben ist eine stillschweigende Übereinkunft
wohlhabender Menschen, den Schein zu wahren.
(John Buchan)

WAS IST MIT DER WAHRHEIT?

Mit der Wahrheit hat es eigentlich nichts weiter auf sich, und doch ist sie von großer Bedeutung, so dass ich hierfür die meiste Zeit benötigt und über sie am längsten nachgedacht habe. Durch den Missbrauch und die Missdeutung der Wahrheit wurde sehr viel Unrecht auf dieser Welt verübt, unzählige Kriege wurden geführt und Hoffnungen zerstört. Ich persönlich glaube, dass Wahrheit das Wichtigste auf der Welt ist. Alles, was wir sagen und tun, sollte auf Wahrheit gegründet sein. Nichts gibt es zu verheimlichen, nichts zu verstecken. Damit könnten wir fast alle Probleme auf unserem Planeten lösen.
Wahrheit und Lüge sind starke Worte. Sie setzen Energien frei, die unser Leben auf diesem Planeten bestimmen. Zuerst entsteht in unseren Köpfen ein Gedanke. Ein Gedanke ist Energie und wird in Form des Wortes oder der Tat nach außen getragen. Worte und Taten beeinflussen unser Leben. Jeder Gedanke in unserem Kopf ist vergleichbar mit einem Regentropfen. Ein einzelner Tropfen trocknet schnell und verfliegt. Doch viele Tropfen bilden einen See oder Fluss, der ruhig und entspannt anzuschauen sein kann, voller Grazie und Vertrautheit, wohl aber auch unkontrollierbar und gefährlich. Wellen und starke Winde lassen ihn stürmisch und bedrohlich werden. Ein kleiner Bergbach kann leicht und wohltönend durch den Wald

fließen und später zu einem beängstigenden und alles mitreißenden Strom werden.
Genauso verhält es sich mit unseren Gedanken. Der Gedanke ist stark und machtvoll. Er kann vergiften oder befreien, er kann aufbauen oder zerstören, doch zuerst muss er erdacht werden, und dafür sind wir zuständig.
In unseren Köpfen wird alles geboren, was auf diesem Planeten und darüber hinaus entsteht und geschieht. Deshalb ist es so entscheidend, was wir denken.
Doch zunächst zurück zur Wahrheit. Was hindert uns eigentlich am Aussprechen der Wahrheit? Warum bevorzugen wir „zweite" oder „dritte" Wahrheiten, anstatt die einfache, ursprüngliche Wahrheit auszusprechen und zu leben? Hat es womöglich mit Freiheit zu tun? Freiheit, zu denken was man will, Freiheit, zu sagen was man will, Freiheit, zu tun was man will. Lebe ich aber Freiheit, was ist dann mit dem Verantwortungsbewusstsein? Schließt das eine das andere aus, oder können sie sich ergänzen? Wir sind frei in unserem Denken, doch alles, was wir erdenken, sagen und tun, muss letztendlich auf Wahrheit gründen, sonst kommen wir unserer Verantwortung allem anderen gegenüber nicht nach. Wir würden damit die Lüge nähren und sie wie einen vergifteten Pfeil gegen uns selbst richten.
Zuerst müssen wir uns fragen, was die Wahrheit eigentlich ist? In den Augen der meisten hat sie verschiedene Gesichter, und dennoch suchen wir immer wieder nach der Antwort. Wir müssen so lange fragen und antworten, bis uns wieder klar wird, dass wir gar nicht anders können als am Ende die Wahrheit zu leben und dass jeder Versuch, sie zu umgehen oder zu verleugnen, nur vorübergehender Natur ist und somit keine dauerhafte Lösung darstellt.

Die Menschheit ist wohl schon seit ewigen Zeiten der Frage nach der Wahrheit auf der Spur, und die Interpretation fällt dementsprechend differenziert aus. Findet sich eine Antwort, müssen wir uns sehr genau beobachten und das analysieren, was wir wirklich glauben, fühlen und was uns unser Innerstes erzählt. Wir müssen darauf achten, was wir tun, sagen und welche Ziele damit verfolgt werden.
Ich will versuchen, die Wahrheit von verschiedenen Seiten zu betrachten und diese Betrachtung wird sicher nie vollständig sein, denn alles ist ständig in Bewegung und der Veränderung unterworfen. Ich erhebe deshalb auch keinen Anspruch auf Endgültigkeit.
Die Mehrheit aller Menschen, ja vielleicht sogar ein jeder von uns, glaubt an irgend etwas. An Götter, an Geld, an Macht, an die deutsche Fussball-Nationalmannschaft, an die Kinder oder an die Firma. Viele glauben, dass die Welt schlecht und verlogen ist. Manche glauben sogar, dass es Menschen gibt, die eigentlich gar keine Menschen sein dürften. Doch genau dort, in dem was wir glauben, manifestiert sich unsere Wahrheit und dort liegt die Lösung unserer Probleme. Wir können der Lüge zu einer scheinbaren Realität verhelfen und tun dies heute bereits mit Selbstverständlichkeit. Bedenken wir aber auch den Schmerz, den die Lüge verursacht.
Wenn man zurückblickt, ist es leicht zu erkennen, dass wir im Laufe der Menschheitsgeschichte der Wahrheit schon näher waren, als wir es heute sind; doch genau dort liegt auch unsere Chance. In der Erinnerung, wer wir wirklich sind, in der Erinnerung an das Mitgefühl, in der Erinnerung an die Weisheit, in der Erinnerung an unseren Ursprung.
Nehmen wir zum Beispiel die ehemalige DDR. Zwischenmenschlich gesehen waren wir zu dieser Zeit wesentlich

weiter. Gegenseitige Hilfe, Nachbarschaft und Freundschaft waren wichtig und wurden gepflegt. Diesen Beziehungen wurde große Beachtung zuteil und sie wurden gehütet wie ein Schatz. Es gab keinen Hunger oder Obdachlosigkeit. Die Grundrechte des Menschen, Nahrung, Obdach und Kleidung, waren gewahrt. Heute sehe ich hier eine andere Entwicklung. Angst und Neid rücken in den Vordergrund und fügen uns Schmerzen zu. Wir isolieren uns von anderen Menschen und denken, dass die Erde nur zur Befriedigung unserer Bedürfnisse da sei. Ein Beispiel für die Verachtung der Wahrheit.

Wir stehen nun am Anfang einer Entwicklung, die für unser aller Zukunft von entscheidender Bedeutung sein wird. Diese ist nicht komplex, sondern entspringt unserer eigentlichen Natur. Egal, wie jeder einzelne Mensch lebt, was er tut, wie er zur Gesellschaft steht, welches Geschlecht oder Alter er hat, jeder sehnt sich nach Liebe, nach Ehrlichkeit, Sorglosigkeit, Glück und Zufriedenheit. Jeder möchte befreit aufatmen und keine Angst haben müssen. Und genau darauf gründet die Wahrheit. Jeder Gedanke der auf Liebe gründet, ist Wahrheit. Jedes Denken, das auf Angst basiert, ist Lüge.

Aber warum, wenn wir uns alle danach sehnen, ist es so schwer, so zu leben? Die Antwort liegt darin, was jeder einzelne von uns als Wahrheit erkennt und denkt, spricht und handelt. Wir sind nicht mehr wir selbst und vergessen unsere eigenen Gefühle.

Erst gestern habe ich im Hafen den Kindern beim Spielen zugesehen. Drei Kinder, unterschiedlicher Herkunft und Sprache, und doch waren sie gleich, ohne Vorurteile. Alle drei sprangen im Schlamm umher und erfreuten sich am Spiel. Sie bauten kleine Straßen und Gräben. Sie versetz-

ten Steine. Stundenlang. Ich genoss den Anblick ihrer Naivität und Natürlichkeit, ging hin und machte einige Fotos. Ich wünschte mir, mein Sohn wäre dabei, könnte mitspielen und diese Kinder, die in diesem Moment eins waren, erleben und diesen Moment der Freiheit genießen, Sorglosigkeit leben und unbeschwert, unbeeinflusst Kind sein. Sicher sind auch die Kinder in Deutschland sorgenfrei und vorbehaltlos. Doch wie lange hält das an und warum entfernen wir uns später von uns selbst? Hier gilt es, ein Phänomen zu verfolgen. Bewusstsein. Es versucht, die Kontrolle über uns zu erlangen und drängt in den Vordergrund. Wenn wir nicht nach Innen gehen, wird es immer stärker, vergiftet uns und lässt uns erblinden. Doch wie kann dies passieren und sich manifestieren? Wir sind doch alle frei in unserem Denken, und alles, was wir tun, wollen wir auch. Was geschieht also mit uns?
Es liegt am Erlebten, an den täglichen Beeinflussungen durch Umwelt und Medien, dem Umgang mit unseren Mitmenschen, der Gesellschaft und dem Alltag. All das veranlasst uns, uns Zwängen zu unterwerfen, um zu bestehen. Durch sie werden wir geprägt und unsere geistige Entwicklung bestimmt. Unsere Gedanken werden gelenkt und lassen uns die Dinge verzerrt und schlichtweg falsch sehen und wahrnehmen. Ohne dass wir es bemerken, leben wir in einer Welt der Täuschung und der Lüge. Diese Einflüsse verzerren die Wahrheit, fruchten aus profitgierigen und egoistischen Ansichten heraus. Man nimmt uns die Entscheidungen ab und macht uns damit zu bequemen Menschen, die ängstlich sind, das einmal Erreichte zu verlieren, die jeden Tag ihren Trott leben und keinen Drang mehr verspüren, sich selbst zu finden. Man ist damit beschäftigt, Eigentum, das so schwer zu erreichen war,

zu erhalten und auszubauen, es verpflichtet und geißelt die Gedankenfreiheit.
Wem gehört denn das Land, wem gehört der Stein oder wem gehört der Himmel? Wem gehörst DU? Ist nicht alles erschaffen aus allem was ist und gehört es nicht uns allen? Bei genauer Betrachtung und gründlichem Nachdenken können wir feststellen, dass es uns unmöglich ist, etwas zu besitzen. Wir gehen in die Falle und überschreiben uns Besitz und Eigentum, tun das aufgrund unserer eigens dafür gemachten Gesetze. Werden wir von unserem Ego regiert?
Gegen Egoismus ist durchaus nichts einzuwenden, ich bin es auch, aber wenn schon egoistisch, dann intelligent egoistisch. Seid nicht egoistisch auf Kosten anderer, sondern achtet deren Wohlergehen, mehr als euer eigenes und ihr werdet es mehrfach zurückbekommen. Denn alles, was wir anderen tun oder antun, tun wir uns selbst. Keiner von uns kann für sich allein existieren, wir alle sind voneinander abhängig. Jeder braucht jeden, die ganze Welt ist ein Wechselspiel, Menschen, Tieren, Pflanzen, Wasser und Luft, Erde und Weltall, all das wirkt zusammen und wenn auch nur eines fehlt, sind wir nicht mehr lebensfähig. Dies gilt es als Wahrheit zu akzeptieren. Wir alle haben uns spezialisiert, einer ist für den anderen da. Doch noch immer denken wir Menschen, mit viel Geld könnten wir ohne die anderen leben, ja wir denken gar, die anderen seien Menschen niedrigeren Standes als wir. Nur weil wir Geld haben? Keiner kann für sich allein existieren. Dieses Wissen sollte Teilen und Geben zu einem Herzenswunsch machen. Wir werden glücklicher sein, denn das Gleiche gilt natürlich auch umgekehrt. Ein Wechselspiel.

Lassen wir erst die Liebe und das Mitgefühl sprechen, unsere inneren Wahrheiten, dann erkennen wir, dass diese eins mit uns sind. Verschwinden diese, verschwindet der Mensch. Was will ein einzelner Mensch mit Milliarden von Euro und vor allem, warum will er diese für sich allein beanspruchen, sie verbergen und vermehren, wenn er doch damit sofort Tausende von Menschenleben retten könnte, vor dem Tod durch Hunger oder eine heilbare Krankheit bewahren könnte?
Warum werden Billionen von Dollar für Militär, Ausrüstung und Krieg verschwendet, die nichts anderes als Tod und Zerstörung bringen? Diese Waffen töten Kinder, verursachen nur Elend und Unglück. Hier steht die Wahrheit dem Interesse von Einzelnen gegenüber! Warum tun wir das? Tun dies hochentwickelte Völker, oder sind wir primitive Wesen? Darüber lohnt es sich nachzudenken. Jeder muss sich selbst Antworten geben und zur Wahrheit führen. Natürlich hege ich Hoffnung in mir und frage mich, wie sie all das hier finden, wie sie darauf reagieren, ob sie handeln, sich verändern, oder einfach bleiben wie sie sind. Ich hoffe, es wird nicht spurlos vorüberziehen.
Wir werden geboren, leben, und wir sterben irgendwann. Doch was fangen wir mit dieser, uns gegebenen Zeit an. Am Beginn unseres Lebens, im Kindesalter, sind wir eigentlich reine Wahrheit und Liebe; deshalb fühlen wir auch als Kind keine Angst und kein Misstrauen. Kinder spielen einfach mit dem, was sie gerade vorfinden. Sie haben keinen Drang zu Reichtum oder Macht, sie kennen keinen Hass und wissen noch nichts vom Tod. Sie sind einfach da und entwickeln sich, doch in welche Richtung, das bestimmen wir, die Eltern, die Lehrer, die Gesellschaft, die eine sehr große Verantwortung übernimmt. Diese Entwick-

lung wird sich später zeigen, und wir werden sie zu spüren bekommen, sozusagen, als Folge von uns selbst. Somit liegt es an uns, zu entscheiden, wer unsere Kinder sein sollen. Sollen sie wie wir, oder sollen sie andere, vielleicht sogar bessere, liebenswertere, liebende, glückliche Menschen sein?
Heute abend beim Essen ist mir zum Beispiel aufgefallen, dass alle Menschen um mich herum sehr freundlich waren, sie schenkten mir ihr Lächeln, waren hilfsbereit und sanftmütig. Ich habe nachgedacht und festgestellt, dass es an mir selbst lag. Ich selbst war heute glücklich, habe gelächelt und war entspannt. Es waren die verschiedensten Nationen vertreten, es wurden die verschiedensten Sprachen gesprochen. Heute abend hat mein Herz, mein Innerstes gelächelt, nicht weil ich lächeln musste oder wollte, ich war Lächeln und ich war entspannt, es fühlte sich unbeschwert und ehrlich an. Es kam von innen, ich war frei von Angst und glücklich. Einfach Dasein.
Doch oft schlage ich mich auch mit irgendwelchen Problemen herum, obwohl ich gar keine realen Probleme habe. Ich habe ein wunderbares Leben. Ich bin frei, mein Boot, das Schreiben, die Weltreise, die Liebe. Vieles liegt in unserer Erwartungshaltung: ans Leben, an die Welt, an unsere Mitmenschen. Was brauchen wir zum Glücklichsein? Es kann so viel nicht sein. Essen, Kleidung und ein Dach über dem Kopf. Alles andere haben wir bereits in uns vereint. Die Liebe, das Mitgefühl, wir alle wollen Leiden vermeiden.
Wir alle haben das heutige Leben so gemacht, wie es ist. Wir haben Angst erfunden, um kurzsichtige Ziele durchzusetzen. Daraus entwickelt sich Hass, durch den wir der Liebe gegenüber blind werden. Ohne Liebe fühlen wir uns

einsam, so einsam, dass wir Schmerzen empfinden, die uns nach und nach von innen auffressen. Wir sind schon wieder voller Angst und bereit, im Hass unser Heil zu suchen und Lösungen zu finden. Ein Kreislauf, von uns selbst geschaffen und aufrechterhalten, immer wieder durchwandern wir ihn. Lasst uns doch einfach diesen Kreislauf, der uns gefangen hält, durchbrechen!

Uns als Menschen kommt eine besondere Verantwortung zu, weil wir in der Lage sind, all diese Zusammenhänge zu erfassen, auszuwerten und zu steuern, wenn wir nur wollen. Wir erkennen, dass wir unsere Erde zum Leben brauchen und doch treten wir auf sie ein, beuten sie aus, als ob es immer so weiter gehen könnte, doch dabei zerstören wir uns selbst. Noch steht sie zu uns, lässt uns nicht im Stich. Das nenne ich wahre Größe! Immer wieder steht sie zu uns und verzeiht unseren Hochmut, doch wie lange kann sie das aushalten? Sie zeigt vorbehaltlos Liebe und Mitgefühl.

Sie erträgt alles, zeigt nur ihre Wunden. Erst, wenn es mit uns zu Ende geht, erst dann hat sie Ruhe und kann sich erholen. Was sind schon ein paar Jahrmillionen für unsere Erde!

Wenn wir das alles verstehen, Mitgefühl und Rücksicht entwickeln, wird uns die Welt wieder dienen und dauerhaft zur Verfügung stehen. Wir werden erkennen, dass wir handeln müssen, oder Opfer unserer Selbstsucht werden. Es gibt Hoffnung, denn aus zahlreichen Gesprächen mit Menschen aller Schichten weiß ich, dass sich jeder nach Frieden sehnt, nach dauerhaftem Glück und Harmonie strebt. Doch dazu müssen wir an uns selbst arbeiten. Fühlen, erkennen, denken und schließlich handeln, das ist der Ablauf, der uns zum Ziel bringen wird.

Zuerst stellen wir die Frage, was wir uns für uns selbst wünschen und dann bringen wir all das anderen gegenüber zum Ausdruck und geben es ohne Einschränkung vorbehaltlos weiter. Liebe, Mitgefühl, ideelle Werte, materielle Dinge und die Wahrheit, welche so süß schmeckt, wenn wir all dies vorbehaltlos ausdrücken und geben. VORBEHALTLOS. Geben ohne zu nehmen oder zu fordern. Keine Gegenleistung! Wenn wir dies tun und unsere Seele leben, dann wird sich dauerhaft eine Veränderung einstellen. Das klingt alles so einfach. Ist es auch! Schon mal ausprobiert? Das tut gut, alles jubiliert und fühlt sich menschlich und warm an. Ich liebe dieses Gefühl. Dort liegt der Kern der Wahrheit. In der Seele und deren Verlangen, dem wir ohne nachzudenken nachgeben sollten. All unsere Gedanken, unsere Taten sollten nach dem Verlangen der Seele ausgerichtet werden, das ist Wahrheit. Diese Wahrheit müssen wir nicht erst erlernen, sondern nur in uns wiederfinden, uns erinnern, dann werden wir erkennen, dass das meiste von dem, was wir heute haben oder gerne haben möchten, gar nicht benötigt wird. Also warum dafür unsere Seele verkaufen? Achtet euch selbst und habt vor nichts und niemanden Angst. Lebt das, was euer Innerstes befiehlt, jetzt, morgen, für immer, nur fangt damit an! Küsst eure Frau, besucht eure Mutter, versöhnt euch mit euren Feinden, umarmt eure Kinder. Lebt eure tiefste Sehnsucht. Geht über die scheinbaren Brücken, die keine sind, hinweg und ihr werdet in Regionen vorstoßen, die euch zu euch selbst führen werden. Jeder von uns hat jeden Tag aufs neue die Wahl. Ihr werdet selbst bestimmen, welchen Gedanken ihr lebt. Hört auf mit dem Verstecken! Spürt euch selbst, die Kraft der Liebe und die Ehre der Aufrichtigkeit!

Die Wahrheit kann nur das Gegenteil von dem sein was ich zum größten Teil auf dieser Welt sehe. Ich sehe:

Lügen statt Wahrheit
Hass statt Liebe
Angst statt Hoffnung
Ignoranz statt Mitgefühl
Gier statt Großzügigkeit
Gewalt statt Versöhnung
Rückschritt statt Weiterentwicklung

Lasst uns nachdenken! Wer wollen wir in Bezug auf uns und in Bezug auf unsere Welt sein. Gebt euch eine ehrliche Antwort und lebt danach. Dann werden wir alle zu Höhen aufsteigen, von denen wir heute nur zu träumen wagen.

Denn wir alle werden zu der Wahrheit geführt,
für die wir bereit sind.

Wahrlich, ich sage euch:
Wenn ihr nicht umkehret und werdet wie die Kinder,
so werdet ihr nicht ins Himmelreich kommen.
Wer nun sich selbst erniedrigt wie dies Kind,
der ist der Größte im Himmelreich.
(Jesus, Matthäus 18)

WARUM DAS ALLES?

Warum lügen wir?
Warum horten wir?
Warum hinterziehen wir Steuern?
Warum verstecken wir Geld?
Warum gibt es Kriege?
Warum schweigen wir, wenn es Zeit ist, zu sprechen?

Alles Fragen, die sich wohl jeder hin und wieder selbst schon gestellt hat. Darauf gibt es die unterschiedlichsten Antworten, auch, um die Gemüter zu beruhigen. Einiges ist gar schon zur Selbstverständlichkeit geworden.
Keiner gibt preis, wieviel Geld, oder Schulden er hat. Alles nur Schein, nichts wirklich Sein. Am leichtesten ist es noch für jemanden, der nichts hat, er hat nichts zu verbergen. Doch selbst jener ist sich nicht sicher, ob er die Höhe seines Arbeitslosengeldes „verraten" soll oder nicht. Das Geld ist zum großen Geheimnis geworden – Bankgeheimnis, oder auch nicht, Schweizer Banken und Nummernkonten. Was nicht alles erfunden wurde, um Geld unsichtbar für andere zu machen. Müssen wir uns unseres Geldes schämen, sind wir es nicht wert? Nun, je nachdem wie wir es verdient haben. Geld ist Macht. Es wird zum Spiegel

der Entwicklungsstufe einer Gesellschaft. Doch wenn wir Moral wollen, dann müssen wir mit dem Verstecken aufhören und Geld nicht zum Ausgangspunkt unseres Denkens machen. Wahrheit kennt kein Verstecken, sie will gesehen werden, will Vertrauen und Frieden schaffen. Also hören wir doch einfach mit dem Versteckspiel auf!

Dies ist sicher nur ein Beispiel, mit welchem man schon ein ganzes Buch füllen könnte, um die unterschiedlichen Wege und Auswirkungen des Geldes zu betrachten.

Doch warum werden Kriege geführt? Irgend jemand hat etwas, das ein anderer haben möchte, um sich damit einen Vorteil zu verschaffen oder jemand glaubt etwas, was der andere nicht glauben oder hören will.

Doch solche Worte wie Krieg, Lüge, Horten, Gewalt, Verbergen, Gier, Hass, rühren nur aus einer, von uns Menschen hervorgerufenen Gefühlsebene heraus:

ANGST!

Angst ist eine weltumspannende Krankheit, für die es keine Medizin oder Impfung gibt. Jeder Mensch hat Angst, und diese gründet sich auf Erfahrungen und Erlebnissen. Angst zu versagen, Schmerzen zu erleiden, Angst zu verlieren, Angst vorm Sterben. Angst vorm Leben.

Aber woher kommt sie?

Schauen wir uns die einzelnen Lebensabschnitte an, und wir werden unmissverständlich feststellen, dass es sich hier um ein suggeriertes Gefühl handelt, das nichts mit unserem eigentlichen Selbst zu tun hat.

Kinder kennen keine Angst. Wir alle werden angstfrei geboren. Kinder spielen miteinander, machen Erfahrungen, haben Spaß und manches tut weh, ist aber meist physi-

scher Schmerz, welcher schnell vergessen ist. Sie richten ihr Handeln danach aus und das ist auch gut so.
Etwas später im jugendlichen Alter setzt dann die Veränderung ein.
Jugendliche entwickeln die ersten Ansätze von suggerierten Ängsten. Die Angst vor Leistungsversagen, Schulangst, die Angst, schwach zu sein. Diese Angst ist produziert, produziert durch von uns erzeugten Druck und falschem Erziehungsansatz, wir suggerieren sie ihnen.
Du musst lernen! Warum bist du so schlecht? Du wirst nie ein Lehrstelle bekommen! Du bekommst Hausarrest, wenn du versagst! Wenn du nicht hörst, gehst du ins Bett! Was bist du nur für ein Dummkopf! Ich nehme dir dein Spielzeug weg, wenn du nicht gleich hörst! Schläge.
Wir versuchen, unsere Ansichten und Lebenserfahrungen auf unsere Kinder zu übertragen. Versuchen, die Kinder in die Gesellschaft zu pressen, gegen ihren eigenen Urinstinkt. Wir brechen die jungen Menschen, um aus ihnen gesellschaftsfähige Bürger zu formen. Doch welchen Preis zahlen die Kinder, und letztendlich wir, dafür? Talente werden zerstört. Die Leichtigkeit des Seins genommen. Vielleicht sind sie nicht gut in Deutsch oder Mathematik, doch dafür begeisterte Zeichner, Musiker und Sportler, wahre Asse in diesen Disziplinen und haben Spaß daran. Warum das nicht fördern und alles andere vergessen? Was macht es schon, wenn sie den Satz des Pythagoras oder chemische Formeln nicht beherrschen, dafür aber mit ihrer Musik Tausende von Menschen verzaubern oder Bilder malen, welche uns in andere Welten entführen und unsere Herzen erfreuen. Welch wertvoller Beitrag! Andere lieben es, Häuser zu bauen oder Kleider zu entwerfen und zu nähen. Doch keiner muss es tun, weil die Gesellschaft es

verlangt. Sie wollen es tun, sie lieben es und erfreuen sich und andere damit. Lassen wir sie doch in dem sein, was sie sein möchten!

Doch da sind unsere gesellschaftlichen Zwänge, denen wir erlegen sind, die aus Angst zu versagen oder schlecht dazustehen, massiv auf unsere Kinder einwirken, ja, ihre Talente ignorieren. Wir beginnen, sie unter Druck zu setzen, gegen ihren Willen, überfordern wir sie, machen sie unglücklich, manchmal nur um unserer selbst willen.

Dabei sollten wir uns die Frage stellen, warum wir eigentlich hier auf dieser Welt sind. Was tun wir mit der Zeit auf Erden, die uns gegeben ist?

Doch während wir damit beschäftigt sind, unsere Kinder zu formen, bauen wir für sie Mauern auf, gegen die sie kämpfen. Eine Spirale beginnt sich zu drehen. Frustriert greift der junge Mensch zu Tabak. Alkohol, Drogen und katapultiert sich in seine eigene Scheinwelt, ins Abseits. Manche geraten total aus der Bahn, werden kriminell, schlagen, töten oder bringen sich um.

Unsere zivilisierte Gesellschaft. Nur die Starken überleben, und darauf müssen wir unsere Kinder vorbereiten. Doch was ist mit den „Schwachen"? Oder, was ist mit dem Rest der Welt?

Muss die ganze Welt in Angst leben, nur weil ein Prozent Milliarden verdienen will, machthungrig ist und davon am besten nie wieder auch nur ein kleines Stück abgeben will, egal, was es kostet. Ob das Sinn macht, menschlich ist, einer hochentwickelten, intelligenten Gesellschaft entspricht? Wir sind in eine Sackgasse geraten und spüren es, jeder von uns und doch dulden wir es. Gelangweilt leben wir mit unseren Ängsten. Gehen einfach weiter auf diesem Weg, einfach weiter wie eine brave Herde. Wir durchlaufen einen Teufelskreis, den wir für vorgegeben halten und begeben uns damit in immer größere Abhängigkeit und in eine phänomenale Scheinwelt. Dort leben wir und erlernen die Wertvorstellungen der Zeit. Wir erlauben, dass unser Selbst gestohlen wird und berauben uns damit einer der größten Erfahrungen und eines der wertvollsten Geschenke, die das Universum für uns bereit hält.

Sind wir dann endlich erwachsen, gehen wir arbeiten, doch nicht etwa, weil es Spaß macht, sondern aus auferlegten Zwängen heraus. Teils selbst auferlegt, teils durch die Gesellschaft in den Lauf des Lebens eingebettet. Miete, Essen, Kleidung, Kinder, Steuern alles muss beglichen werden. Dazu braucht man Geld und das gibt es nicht geschenkt, wie wir alle wissen.

Doch was ist mit der Vorstellung, dass keiner arbeiten braucht und trotzdem genug für alle da ist. Kein Hunger. Unterkunft und Kleidung, Medizin und unser grenzenloses Mitgefühl sind immer und für alle da und unendlich vorhanden. Doch statt dessen gehen wir den alten Trott weiter. Gier und Neid, Streben nach Macht und Überlegenheit, danach gestalten sich unsere Ziele, unser Leben, ja danach richtet sich sogar unser persönliches Glück aus. Doch immer, wenn wir glauben, glücklich zu sein, stellen wir fest, dass dies nicht dauerhaft möglich ist. Nach kurzer Zeit stellt sich erneut Unzufriedenheit ein, und wir streben nach dem nächsten, meist wiederum materiellen Ziel, um diesen Glücksmoment erneut zu erfahren. Und so beginnt das Spiel wieder von vorn. Wir stressen uns in einen Rausch, töten unsere Schmerzen mit Alkohol oder anderen Suchtmitteln ab, nur um der Gesellschaft gewachsen zu sein, nur so halten wir stand, sind stark und überlebensfähig.

Dabei wissen wir doch, dass Glück von innen, von unserer Seele, kommt. Glück bedeutet Liebe, Mitgefühl und Wahrheit. Wir haben alles ins uns, um auf höchster, liebevoller und ethischer Ebene zu leben, doch wir nutzen unser Wissen nicht. Wir geben uns alle Mühe unsere ureigenen Gefühle zu ignorieren. Interpretieren und gestalten unsere eigene, dem jeweiligen Leben angepasste Definition zu diesen Seelenbedürfnissen. Liebe bekommt den Beigeschmack von Geld, Macht, Status, eigenen materiellen Interessen und wird sogar davon abhängig gemacht. Der Gesellschaft zu gefallen und zu funktionieren wird zum Inhalt unseres Lebens, und das machen wir wirklich gut. Mitgefühl ist nicht notwendig, denn die anderen sind selbst schuld, zu faul zum Arbeiten, anders Denkende eigentlich keine Menschen. Alles Tiere.
Wahrheit, dieses Wort braucht nicht erklärt werden. Das Wort steht für sich und ist unumstößlich. Nicht veränderbar, denn es gibt nur eine Wahrheit. Wir sehen sie, oder nicht. Sie ist immer da und wir müssen sie erkennen, doch hierzu ist es notwendig, mit klarem Geist zu denken und das müssen wir üben.
All dies bestimmt unseren Alltag und unser Leben, und darüber vergehen die Jahre. Wir arbeiten, lügen, leben, horten und verstecken, bis wir älter sind. Wenn wir Glück haben, fangen wir irgendwann, kurz vor dem Ende unseres Erdendaseins, an, uns zu erinnern. Wir erinnern uns an uns selbst, messen vielen Dingen, welche wir jahrzehntelang verfolgt und gefeiert haben, keinen Wert mehr bei. Wir werden wieder bescheiden und kümmern uns um unser eigenes Selbst.
Doch jetzt, genau zu diesem Zeitpunkt, in dem wir wirklich etwas zu sagen haben und vielleicht sogar einen ent-

scheidenden Beitrag zur Veränderung und Verbesserung der Welt leisten könnten, nimmt uns keiner mehr ernst. Wir werden als alt und senil angesehen und übertönt von unseren Kindern, die keinerlei Grund sehen das Macht- und Geldgefüge zu erschüttern, das wir ihnen jahrzehntelang vorgelebt haben.
Doch ich sitze heute hier, bin 35 Jahre alt und in der Lage all dies zu erkennen und niederzuschreiben und was vielleicht das Wichtigste ist, ich bin bereit mich zu stellen. Ich stelle mich der Herausforderung, unsere Welt zu einer besseren, neuen, liebenden und mitfühlenden Welt zu formen, genauso wie wir sie eigentlich wollen. Denn wenn wir uns diese Welt erdenken können, dann ist es auch möglich, sie zu erschaffen und zu leben.

BRÜDER

Ich halte euch alle bei den Händen,
wie Brüder stehen wir zusammen.
Keinen Gedanken auch nur verschwenden,
dass wir getrennt von dieser Welt.
All das, welches wir hier sind,
der Lauf des Universums spinnt.

Stell dir vor, nichts mehr zu töten,
eines Tages wird es so sein.
Auf der Suche, wir tun uns rege,
steht das Ganze, Denken nicht klein.
Ich beneide sie, die alte Katze,
denn sie kennt alle Wege.

Wir morden, das Urteil schnell erlassen,
glauben, dass wir so wichtig sind.
Sind wir jetzt endlich Gott verlassen,
hör auf die Botschaft, lausch dem Wind!
Stellt euch vor, Liebe, Emotionen.
Alle zusammen, die wir hier wohnen.

Über grüne Wiesen mit euch spazieren,
keine Angst auf diesen Wegen.
Gott verlassen, nun nicht mehr.
Spür' auf der Haut den warmen Regen.
Das Paradies, vor unsern Augen.
Die Zukunft liegt in dem Moment.
Mit sanfter Hand, die Ewigkeit.
Seh' nur noch Bruder, weit und breit.

Wenn wir nicht das Unmögliche tun,
werden wir das Undenkbare erleben.
(Petra Kelly)

UNWAHRSCHEINLICH, ODER NICHT?

Ich bin fest davon überzeugt, dass alles, was in den letzten Kapiteln zu lesen war, auch realisierbar ist. Obwohl ich selbst vor ein paar Jahren dies eher als unwahrscheinlich abgetan, aus meinem Leben verbannt und in eine Schublade gesteckt hätte.
Das Wort „Unwahrscheinlichkeit“ löst bei uns Gedanken aus, wie „Das ist nicht möglich“ oder „Es lohnt sich nicht, dafür seine Zeit zu opfern“ oder auch „Am besten, man vergisst es gleich wieder“. Wir neigen dazu, alles, was unwahrscheinlich ist, zu ignorieren und als Traumvorstellung zu betrachten und wenden uns dann schnell wieder der scheinbaren Realität zu. Doch dadurch geben wir dem Wort Unwahrscheinlichkeit die Macht, das zu sein, was es eigentlich nicht ist oder nicht sein müsste.
Ich rede viel von Wahrheit, Liebe und Mitgefühl, die unsere Welt positiv verändern könnten, und einige von euch werden diese Visionen eher als unwahrscheinlich ansehen. Doch warum können wir dann in unseren Köpfen diese schönen Wahrheiten überhaupt erdenken, erträumen und den Wunsch und Drang danach verspüren? Wir tun es einfach, weil es Spaß macht, daran zu denken. Es regt unsere Phantasie an und gibt uns ein besonderes Gefühl der Freude und Hoffnung, sich all diese guten Dinge vorzustellen. Ich bin fest überzeugt, dass alles, was wir uns erdenken und vorstellen können, auch wahr werden kann.

Wir müssen nur fest daran glauben, unsere Gedanken in Taten nach außen tragen und schon werden die Energien in die richtige Richtung frei und selbst die unwahrscheinlichsten Dinge können wahr und Realität werden.
Denken wir nur an bereits bekannte Entwicklungen, und damit meine ich nicht nur technischer, sondern auch geistiger Weiterentwicklung. Dafür müssen wir gar nicht allzu weit zurück blicken. Wer hätte es noch vor hundert Jahren für möglich gehalten, dass sich jeder von uns in Sekundenschnelle durch Wort und Bild über den ganzen Planeten bewegen könnte? Heute verfügt jeder Haushalt über ein Fernsehgerät, und selbst in den ärmsten Ländern ist es zum wichtigsten Informationsmedium geworden. Die Möglichkeiten und die Macht der Fernsehsender sind ungeheuer groß geworden, weil sie in minutenschnelle Gedanken und Bilder zu fast jedem Menschen auf der Welt übertragen können. Wer hätte das noch vor hundert Jahren gedacht?
Betrachten wir doch nur den Computer, das Internet oder das Telefon. Beinahe jeder besitzt ein Telefon oder Handy, das die weltweite Kommunikation ermöglicht und somit die Verbreitung von Gedanken in unglaublicher Geschwindigkeit erlaubt. Wer hätte das für möglich gehalten? Wer hätte geglaubt, dass fast alle Länder Europas bereit sein würden, ihre Landeswährungen abzuschaffen und sie gegen eine einheitliche europäische Währung zu tauschen? Und erst die Raumfahrt! Ein Raumshuttle fliegt Menschen, beinahe wie mit einem Taxi, im Schichtsystem zu ihrer Arbeit an einer gemeinschaftlichen Raumstation ins All hinaus. Alle diese heute fast schon selbstverständlichen, Errungenschaften und Annehmlichkeiten waren vor hundert Jahren unwahrscheinlich, und die Menschen hätten wohl gelacht, wenn jemand derartiges vorausgesagt hätte, ja die Person vermutlich sogar für verrückt erklärt. Dass es

dennoch Realität wurde, verdanken wir Menschen, die das Wort „Unwahrscheinlichkeit“ nicht als wahr akzeptierten. Sie träumten und glaubten an die Möglichkeit ihrer Realisierung. Sie glaubten förmlich an die Wahrheit der Unwahrscheinlichkeit. Ich liebe dieses Wortspiel, weil es so hoffnungsvoll und logisch klingt und vor allem, weil es wahr ist.

Glauben wir doch alle an eine friedliche Welt voller Mitgefühl und Liebe. Glauben wir an das Wiedererschaffen von reiner Luft. Lassen wir ihn wahr werden, den Traum vom Glück und der Harmonie zwischen allen Völkern. Wir sind alle EINS, und es gibt keinen Grund, jemanden etwas wegzunehmen, denn alles, was er hat, haben wir auch. Wenn er es nicht hat, werden wir es ihm geben. Geben heißt das Zauberwort, wer gibt, der bekommt.

Hier kommt es nicht darauf an, dass wir das alle zur gleichen Zeit tun, aber wenn jeder Einzelne von uns das Unwahrscheinliche als Wahrheit lebt, wird die Energie sich verstärken, so dass schließlich unsere ganze Welt in ein Energiefeld gelenkt wird, wie es mit den Telefonen und Computern bereits geschehen ist.

Lasst uns einfach so leben, als ob die Unwahrscheinlichkeit schon eingetreten wäre und in diesem Moment wird sie zur Wahrscheinlichkeit und damit zur Wahrheit werden. So real wie die Luft, die wir zum Leben brauchen, so real wie die Reinheit eines Kindes, so real wie die Weisheit der Alten.

Ich halte dies alles heute für sehr wahrscheinlich und das, obwohl ich vor fünf Jahren nie geglaubt hätte, solche Zeilen je zu schreiben. Ich glaube heute an die Menschheit, den Willen zur geistigen Entwicklung, den Drang zur Einigkeit und zum Einssein. Ich glaube an die Wahrheit der Liebe und die Größe des Universums. Und das Wichtigste, ich glaube an EUCH.

Jeder muss Verantwortung für sich selbst übernehmen, das ist zweifellos wahr. Aber eure Welt kann nur dann wirklich funktionieren, wenn jeder willens ist, für alle als Gesamtheit verantwortlich zu sein.
(aus „Gespräche mit Gott")

ZEIT FÜR GUTE TATEN

Gute und schlechte Taten – Worte, die wir alle kennen, und doch wird deren Bedeutung für unser gemeinsames Leben häufig unterschätzt. Wenn ich mein eigenes Leben an mir vorüber ziehen lasse, sehe ich nicht nur gute Taten und ein gutes Herz. Im Gegenteil, ich habe Menschen belogen, ich habe Menschen betrogen, ich habe Menschen geschlagen und gehasst. Doch ich habe auch geholfen, habe geliebt, habe Menschen durch Gespräche die Augen geöffnet und versucht, Hass und Angst zu verringern. Ich habe Menschen zum Lachen gebracht und Hoffnung gegeben. Auch mir wurde all das zuteil, was ich selbst getan habe, und noch einige schmerzvollere, erniedrigendere Erlebnisse dazu.

Ich habe meinen Frieden mit allem gemacht. Habe verziehen, und mir ist vergeben worden.

Beide Seiten zu erfahren war Teil meines Lebens, Begegnungen auf meinem Weg. Es läuft alles im permanenten Wandel, alles ist in Veränderung und zeigt sich uns in verschiedensten Formen.

Entscheidend ist nun, Erkenntnisse zu gewinnen und diese in Taten umzusetzen. Die Brücke von unserem Innersten zur Tat müssen wir selbst schlagen, denn nur so können wir das andere Ufer erreichen.

Zeigen wir den Menschen, was Liebe, Wahrheit, Freiheit und Mitgefühl ist, reichen wir ihnen die Hand und sagen ihnen, dass sie nicht alleine sind. Berichten wir von unseren eigenen Erfahrungen. Erzählen wir von unseren guten und liebevollen Herzen, teilen wir unsere gewonnene Weisheit. Jeder Denkanstoß, jede Hilfe, jede gute Tat und jedes gute Wort wird uns und die ganze Welt verändern und uns zu dem machen, was wir in Wirklichkeit sind.

Wie oft sehen wir arme Menschen, Hunger, Not und Elend, besonders auch bei Kindern. Im Fernsehen erscheint uns alles so weit weg und wir neigen dazu, es zu ignorieren, da wir glauben, doch nichts tun zu können. Manchmal, wenn wir die Straße entlang gehen, sehen wir einen Bettler am Straßenrand sitzen. Der erste Impuls ist da, wir möchten geben. Hier zeigt sich die wahre Güte unseres Herzens. Doch dann wird dieses Gefühl von anderen Einflüssen, denen wir erlegen sind, überlagert und es kommen Gedanken wie: „Der soll doch arbeiten gehen", oder „Selbst schuld an seinem Elend", oder „Ausländer sollen zuhause bleiben" usw. Diese Gedanken sind jedoch nur aufgesetzt und versperren uns den Weg zu uns selbst. Geben wir doch etwas! Könnten das nicht auch wir selbst sein, die dort sitzen? Vielleicht waren wir gerade einkaufen, dann geben wir ihm Brot, Wurst oder ein paar Kekse. Wir können ihm auch etwas Geld geben, warum denn nicht? Wir werden davon nicht ärmer, und der Mann hat etwas zu essen. Sicher, vielleicht wird er das Geld auch versaufen, doch dann bedarf er noch mehr unserer Aufmerksamkeit. Und wer weiß, was aus ihm in zehn Jahren wird, vielleicht schreibt er ein Buch, eröffnet eine Teestube für seine Leidensgenossen oder wird Mönch in Indien. Auch er hat die gleiche Chance wie wir und kann jeden Tag selbst entscheiden, wer er ist und wer er sein möchte. Doch heute hat er sich dafür entschieden, dort zu sitzen und auf unsere Gabe zu hoffen und zu vertrauen.

Diese Geschichte ist nur ein kleines Beispiel aus unserem Alltag und lässt sich auf viele andere Situationen ausdehnen, z. B. unserem Verhalten gegenüber unserer Familie, unseren Freunden, am Arbeitsplatz, im Umgang mit Alten und Kranken und natürlich Kindern. Es ergeben sich also täglich unzählige Möglichkeiten gute Taten zu vollbringen. Die Reaktion darauf werden gute Taten sein, aber wir dürfen sie nicht erwarten oder voraussetzen. Lächelnd und sanftmütig suchen wir den Dialog und vermeiden Streit. Indem wir unser Mitgefühl ausdrücken, zeigen wir unsere Liebe. Es ist ein erhebendes Erlebnis die Wirkung dieses Verhaltens zu erfahren. Indem wir anderen helfen und geduldig zuhören, lassen wir sie unser Mitgefühl spüren. Geduld und Beharrlichkeit werden sich auszahlen. Doch bei all dem dürfen wir nie vergessen, unsere eigenen Werte zu überprüfen und der Situation anzupassen.
Ich habe zum Beispiel einmal einem freundlichen Mann, der an einer Toilette saß um dort zu reinigen zehn Euro gegeben statt fünfzig Cent, und das, obwohl ich zu der Zeit nicht gerade bester Laune war weil meine Geschäfte nicht besonders gut liefen. Doch auf diese zehn Euro kam es mir nun wirklich nicht mehr an. Der Mann war verlegen, aber er freute sich und wir begannen eine längere Unterhaltung. Er hätte mein Opa sein können. Ich hielt mich eine Woche in der Stadt auf und besuchte den Mann des Öfteren. Mit überschäumender Freude und Vertrautheit begrüßte er mich, schon wenn er mich von weitem sah. Er gab mir ein gutes Gefühl und ich genoss den Moment des Augenblicks. Er machte mich mit anderen Menschen bekannt und so konnte ich viele tiefgehende Gespräche führen und Bekanntschaften machen. Ganz nebenbei hatte ich auch noch die ganze Woche freien Ein-

tritt zur Toilette. So kehrte sich meine Bereitschaft um und ich bekam am Ende mehr zurück, als ich gegeben hatte. Und doch habe ich gegeben.

Nicht immer ist es so offensichtlich wie in diesem Fall, doch alles, was du gibst kommt mehrfach zu dir zurück, wenn du es nur sehen willst. Doch erwarte es nicht. Gebe und sei Geben. Vorbehaltlos.

Nur durch Wahrheit, Liebe und Mitgefühl werden wir eine neue ethisch wertvolle und spirituelle Ebene erreichen und eine bessere Welt herbeidenken und erschaffen. Niemand von uns kann diese Veränderungen an einem Tag herbeiführen, doch wir sollten uns täglich damit beschäftigen, unsere Taten analysieren und unsere Schwächen erkennen und daran arbeiten. Mir z. B. fehlt es an Geduld. Ich möchte immer direkt und sofort Ergebnisse sehen, doch mittlerweile weiß ich, dass dies nicht möglich ist, also übe ich mich in Geduld. Es ist auch schon etwas besser geworden. Jeden Abend überdenke ich den Tag und ziehe meine Schlüsse. Ich versuche, meine guten Eigenschaften weiter auszubauen, so dass den schlechten weniger Raum zur Entfaltung zur Verfügung steht. Wenn ich weiter in diese Richtung denke und an mir arbeite, werden die schlechten Gedanken eines Tages verschwunden sein.

Gute Taten zu vollbringen, heißt auch, gut zur Erde zur sein. Seit Jahrhunderten beuten wir diese Erde aus, rauben ihr Energie, die sie über Millionen von Jahren gespeichert hat und verbrauchen sie in einem verschwindend kurzen Zeitraum. Es ist wichtig, dass wir unsere Umwelt mit Respekt behandeln und ihr Gutes tun, denn sie wird es uns und unseren Nachkommen zurückzahlen. So liegt auch hier wieder einmal alles in unseren Händen. Da unser jetziges Handeln bestimmt, welche Umweltbedingun-

gen unsere Kinder einst haben werden, sollten wir uns auch in diesem Bereich von Weitsicht tragen lassen. Unsere Welt gehört uns allen. Kein einzelner Mensch oder Staat wird sie je für sich alleine haben, deshalb obliegt die Verantwortung dafür auch jedem Einzelnen von uns.
Auch mit Gewalt lassen sich keine Probleme lösen. In vielen Kriegen töten Menschen andere, die sie noch nie in ihrem Leben gesehen haben. Leichtfertig wird für Staat, scheinbare Freiheit oder Gerechtigkeit in den Kampf gezogen und Leben sinnlos ausgelöscht. Doch letzten Endes werden damit nur noch mehr Probleme geschaffen und Schmerzen verursacht.
Stehen wir doch lieber alle zusammen und machen Tag für Tag unsere gemeinsame Welt zu einer besseren!
Gehen wir auf alte Leute zu, respektieren wir sie und ihre jahrzehntelange Lebenserfahrung. Wenn wir ihnen zuhören, können wir viel von ihnen lernen, ihnen aber auch viel geben. Sagen wir doch unserem Partner und unseren Kindern, dass wir sie lieben. Vielleicht erhalten wir ein überraschendes Feedback und haben damit unseren ersten Beitrag zu einer besseren Welt geleistet. Denn eigentlich könnte alles so einfach sein ...
Wachen wir auf, aus unserer Selbstgefälligkeit, unseren Irrtümern und unserem neidvollen Egoismus und erkennen wir, um wie viel reicher jeder Einzelne von uns durch sein Erwachen werden kann. Ich wünsche das für Sie, für mich und für jedes einzelne Lebewesen auf unserer Welt.

ICH LEBE

Gerade lief ich vom Boot zum Hafenrestaurant. Ein Weg von vielleicht 500 Metern. Er führt entlang des Wassers, gesäumt von Palmen und bewachsenen Hängen mit ihrem satten Grün. Ich spürte sie wieder, die enge Verbundenheit mit unserer Natur und das Wechselspiel der verschiedenen Energieformen. Eben noch auf dem Boot, unter der erbarmungslos brennenden Sonne hatte mein Körper zu tun, um die Temperatur zu stabilisieren. Doch auf meinem Weg, der etwas erhöht direkt am Wasser entlang führte, erfrischte mich eine leichte Brise. Ein Schmetterling flog mit mir als wolle er mir den Weg zeigen. Es raschelt im dicht bewachsenen Waldboden. Es könnten Mäuse sein, die nicht gesehen werden wollen oder Streifenhörnchen, die sich aus dem Staub machen.

Auf halbem Weg begegnete ich einer älteren Frau. Wir kannten uns vom Sehen. Sie sprach mich an und wir unterhielten uns kurz.

Sie: „Very hot today." (Es ist sehr heiß heute.)

Ich: „Yes." (Ja.)

Sie: „We try to protected our boat with a green net, but now it's more hot than before." (Wir haben versucht, unser Boot mit einem grünen Netz zu schützen, doch nun ist es heißer als vorher.)

Wir tauschten ein Lächeln.

Ich: „I like the sun and I like it hot." (Ich mag die Sonne und ich mag es heiß.)

Sie: „Yes, me too, it's OK. I love it." (Ja, ich auch, es ist OK. Ich liebe es.)

Wir verabschiedeten uns lächelnd, und ich fühlte mich wohl behütet und sicher.

Nun sitze ich hier auf einer schön angelegten, jedoch einfachen Holzterrasse, etwa einen Meter über dem Wasser, das bei Flut bis dicht unter die Terrasse steigt. Eine kleine Ameise krabbelt neben meinem Schreibblock umher und macht sich überhaupt keine Gedanken, dass ich ihr etwas zu Leide tun könnte. Warum sollte sie auch? Ich blicke aufs Meer und setze ein leichtes, zufriedenes Lächeln auf. Wie schön sie doch ist, unsere Mutter, unser Leben, unsere wunderbare Erde. Wenn wir alle bewusst durchs Leben gehen und all die kleinen Dinge, die da sind, und die doch unsere Welt ausmachen und dazugehören, sehen und achten, dann wird sich uns eine andere Welt des Lichts und des Friedens offenbaren.
Zufriedenheit und Geborgenheit werden sich einstellen. Die Einsamkeit schwindet dahin. Man kann es spüren, dieses wundervoll friedliche und ergreifende Wechselspiel von Mensch und Natur und beginnt die Gemeinsamkeiten beider zu verstehen. Man gewinnt den Blick dafür, dass wir doch einander brauchen und voneinander abhängen.
Leider ist vieles davon aus unseren heutigen gestressten Gedanken verloren gegangen, und der Blick für all dies fällt uns schwer. Doch wenn wir versuchen, allumfassend zu sehen und uns der Wahrheit öffnen, werden wir erkennen, dass jede Lebensform, und sei sie noch so unbedeutend, in unser Leben eingebettet und zu guter Letzt mit uns in einem Kreislauf eng verbunden ist. Dies zu erkennen und zu akzeptieren, wird uns zu mehr Glück verhelfen. Wir werden es empfinden, inneres, ewig andauerndes Glück und werden unendlich viel Liebe erfahren.

Folgt mir.

DANKSAGUNG

Egal, was in diesem Buch geschrieben und gedacht worden ist, ich werde nicht für mich in Anspruch nehmen, der Weisheit letzten Schluss gefunden zu haben. Wie könnte ich das auch? Ich bin ein Mensch wie jeder andere auch, verwundbar und fühlend. Ich lebe meine Sehnsüchte, und das macht mich zu einem glücklichen Menschen.

Nie werde ich meine Frau vergessen, die mir über die Jahre beistand. Was auch immer ich gewesen bin: Lebemann, Familienvater, Unternehmer, Lügner, Liebhaber, Abenteurer oder weinendes Kind, sie war immer für mich da. Und ich bin dankbar für diese Begegnung.

Auch nicht vergessen habe ich meine Geschäftspartner, welche mich auf meinem Weg begleitet, unterstützt und geprägt haben. Es war alles für etwas gut, sowohl in meinem als auch in ihrem Leben und Fortkommen.

Meiner Mutter, dem Bruder, dem Vater und den Großeltern werde ich immer dankbar sein, dazu ist in diesem Buch alles gesagt.

Ich danke auch meinen Freunden, welche großen Einfluss auf meine Entwicklung hatten. Ihnen verdanke ich unvergessliche Stunden, Tage und Jahre, in denen wir gefeiert, diskutiert, geträumt und auch gelitten haben. Diese Begegnungen prägten und bereicherten mein Leben, und noch heute zehre ich davon.

Aber auch die vielen Lehrmeister werde ich nicht vergessen. Aus manchen wurden Vorbilder, aus manchen kreative Gegner, doch keinen möchte ich als Feind erkennen. Jeder hat seine spezielle Rolle in meinem Erdenfilm.

Ich danke allen.

Und ich danke Gott, dass er sich mir gezeigt hat.

Über den Autor

Mario Goldstein, geboren 1969 in einer Kleinstadt im Vogtland, lebt heute auf einem Boot. Zur Zeit kreuzt er mit seinem Katamaran durch den indischen Ozean, schreibt über die Menschen, die er auf seinen Reisen trifft, hält seine vielfältigen Eindrücke fest und ist auf der Suche nach innerem Frieden. Immer Ausschau haltend nach Liebe und Selbsterkenntnis treibt es ihn in die entlegensten Winkel der Erde. Neugierig auf andere Menschen und deren Lebensweise, beschreibt er seine Eindrücke in Gedichten und Erlebnisberichten.

Kontakt:
www.mario-goldstein.de
goodlife-ontour@web.de

INHALT